AF654345

"मैं 7 अक्टूबर, 2001 को इस राज्य (गुजरात) का मुख्यमंत्री नहीं बना। मैं तो शुरू से ही 'सी.एम.' हूं। आज भी सी.एम. हूं और कल भी रहूंगा, क्योंकि सी.एम. से मेरा मतलब 'कॉमनमैन' यानी आम आदमी है।"

– नरेन्द्र मोदी

मोदी का संक्षिप्त जीवन परिचय

- 17 सितंबर, 1950 को मेहसाणा जिले के वाडनगर कस्बे में घांची समुदाय के निर्धन परिवार में जन्म।
- वाडनगर रेलवे स्टेशन पर चाय बेचकर जीविकोपार्जन शुरू किया।
- बाद में अहमदाबाद में कैंटीन चलाकर जीवनयापन का उपक्रम किया।
- वाडनगर में स्कूली शिक्षा पूरी की।
- आरएसएस के प्रचारक बने और 1980 के दशक में गुजरात विश्वविद्यालय से राजनीतिशास्त्र में एम.ए. किया।
- 1988 में गुजरात की पार्टी इकाई का सचिव बना दिया गया।
- 1995 में भाजपा के राष्ट्रीय सचिव बनाए गए।
- 7 अक्टूबर, 2001 को केशुभाई पटेल की जगह गुजरात के मुख्यमंत्री बनाए गए।
- 27 फरवरी, 2002 को उनके मुख्यमंत्री रहते हुए गोधरा कांड हुआ और उसके बाद पूरा प्रदेश दंगों की आग में झुलस गया। मोदी पर दंगों का कलंक लगा।
- दिसंबर, 2002 में गुजरात में विधानसभा चुनाव हुए और मोदी के नेतृत्व में भाजपा को भारी जीत मिली।
- 22 दिसंबर, 2002 को उन्होंने दूसरे कार्यकाल के लिए मुख्यमंत्री पद की शपथ ली। वे अपने दम पर पहली बार मुख्यमंत्री बने।
- दिसंबर, 2007 में विधानसभा चुनाव में मोदी को फिर भारी जीत मिली। उन्होंने 25 दिसंबर को मुख्यमंत्री पद की तीसरी बार शपथ ली।

दूरद्रष्टा

नरेन्द्र मोदी

कुमार पंकज

डायमंड बुक्स

© प्रकाशकाधीन

प्रकाशक : डायमंड पॉकेट बुक्स (प्रा.) लि.
X-30 ओखला इंडस्ट्रियल एरिया, फेज-II
नई दिल्ली-110020
फोन : 011-40712200
ई-मेल : sales@dpb.in
वेबसाइट : www.diamondbook.in
मुद्रक : रेप्रो (इंडिया)

Durdrashta Narendra Modi

by : Kumar Pankaj

भूमिका

'दूरद्रष्टा नरेन्द्र मोदी' नामक पुस्तक का दूसरा संस्करण आपके हाथों में है। पहले संस्करण में कुछ खामियां थीं, कुछ जल्दबाजी थी और कुछ तथ्य कम रह गए थे, लेकिन दूसरे संस्करण में खामियों को दूर करने का प्रयास किया गया है। तथ्यों को ज्यादा-से-ज्यादा देने का प्रयास किया गया। यह पुस्तक जैसा कि पहले संस्करण में मैंने कहा था कि मीडिया में फैली मोदी की लोकप्रियता और उनके विषय में तमाम तरह के आकलनों की उपज थी। जिस प्रकार से मीडिया में मोदी छाए रहे, उसे देखकर हर व्यक्ति जानना चाहेगा कि मोदी का क्या करिश्मा रहा है। गुजरात अपनी स्थापना के 50 साल पूरे कर चुका है। नरेन्द्र मोदी के नेतृत्व में 'स्वर्णिम गुजरात' नामक एक ऐसा कार्यक्रम शुरू हुआ, जो गुजरात ही नहीं पूरे देश और विदेश में बसे गुजरातियों के लिए गर्व की बात है। यह पुस्तक मोदी के निजी जीवन से ज्यादा उनके काम-काज के तौर-तरीकों पर केंद्रित है।

मेरा मानना है कि व्यक्तिगत जीवन से कहीं महत्त्वपूर्ण व्यावसायिक जीवन है जिसके बारे में इंसान जानना चाहता है। निजी जीवन में किसके साथ क्या हो रहा है, उसके अंदर नहीं झांकना चाहिए, लेकिन यह सच है कि आज हर कोई दूसरों के निजी जीवन में ताक-झांक करने में लगा है। इस पुस्तक में मोदी के व्यक्तित्व की झलक को दिखाते हुए उनके काम-काज के तौर तरीकों और उनकी उपलब्धियों को समाहित किया गया है। मीडिया में मोदी को किस तरह से दिखाया गया, बताया गया, वे सारी बातें मीडिया के संदर्भ से ली गई हैं। दूसरे संस्करण में 'कुशल नेतृत्व' और '2010 का गुजरात' दो शीर्षकों को प्रमुखता से स्थान दिया

गया है, ताकि पाठक मोदी की इस करिश्माई सोच को भी जान सकें, समझ सकें और उनके नेतृत्व को सही तरीके से पहचान सकें।

डायमंड प्रकाशन के श्री नरेन्द्र वर्मा जी का लगातार प्रयास रहा है कि पुस्तक के माध्यम से ज्यादा-से-ज्यादा जानकारी पाठकों को उपलब्ध कराई जाए। इसलिए वे संशोधित संस्करण पर भी उतना ही ध्यान देते हैं, जितना कि पहले संस्करण पर। जहां तक हो सका है, कमियों को दूर कर दूसरे संस्करण में बिशुद्ध तथ्य देने का प्रयास किया गया है। आशा है कि पाठक इस प्रयास को जरूर समझ पाएंगे। अगर कुछ कमियां रह गई हैं तो उनको आगे संशोधित करने का पूरा प्रयास किया जाएगा। इसलिए पाठकों की प्रतिक्रिया का भी इंतजार रहेगा।

नरेन्द्र मोदी यानी कॉमनमैन

(पहले संस्करण की भूमिका)

चुनाव जीतने के बाद नरेन्द्र मोदी की यह टिप्पणी कि 'मैं 7 अक्टूबर, 2001 को इस राज्य (गुजरात) का मुख्यमंत्री नहीं बना। मैं तो शुरू से ही सी.एम. हूं। आज भी सी.एम. हूं और कल भी रहूंगा, क्योंकि सी.एम. से मेरा मतलब कॉमनमैन यानी आम आदमी है।' मीडिया से लेकर आम आदमी के बीच सुर्खियों में रही इस टिप्पणी से नरेन्द्र मोदी ने यह साबित कर दिया कि वे वास्तव में कॉमनमैन हैं और उसी की तरह काम करना चाहते हैं। 2001 में जब नरेन्द्र मोदी मुख्यमंत्री बने थे, तब उनकी छवि एक कट्टर हिन्दुवादी छवि थी, लेकिन उन्होंने अपने कार्यकाल में इस बात को प्रमाणित किया कि नहीं, ऐसी बात नहीं है। गोधरा कांड के बाद नरेन्द्र मोदी की छवि ऐसी उभरकर आई कि वे नायक नहीं, बल्कि खलनायक की भूमिका में है, लेकिन जब नरेन्द्र मोदी ने सफलता के साथ 5 साल गुजरात का नेतृत्व किया तो उनकी नेतृत्व क्षमता के आगे-पीछे के सभी प्रशासक फेल नजर आ रहे थे। यह बात सच है कि 5 साल में गुजरात ने जो समृद्धि की, उसकी मिसाल बहुत कम देखने को मिलती है। मोदी का जनाधार बढ़ा, लेकिन मीडिया ने हमेशा उनकी छवि अलग रूप में पेश की। नरेन्द्र मोदी तीसरी बार गुजरात के मुख्यमंत्री बने। यह शायद ही कोई बता सके कि इस बात में कितनी सच्चाई है कि गोधरा कांड में नरेन्द्र मोदी का हाथ था, लेकिन यह जरूर है कि वे एक आम आदमी की तरह ही काम करते रहना चाहते हैं। इस बात का प्रमाण उनके द्वारा किए गए विकास कार्यों को देखकर भी मिलता है। नरेन्द्र मोदी का यह तर्क बहुत ही लाजवाब है

कि अगर गुजरात का विकास हो रहा है, हर गांव में पीने का पानी जा रहा है, हर गांव में पक्की सड़के हैं तो क्या उस पर यह लिखा होगा कि हिन्दू या मुसलमान के लिए है? यह तो सबके लिए है। नरेन्द्र मोदी भाईचारे की बात करते हैं, न कि हिन्दुत्व की। उनकी हिन्दुत्व की छवि को मीडिया ने कुछ ज्यादा ही बढ़ा-चढ़ाकर पेश किया है, जबकि ऐसा नहीं है।

2007 में जब गुजरात विधानसभा चुनाव हो रहे थे, तब सबकी निगाहें उन पर थीं। सबके मन में कई तरह के सवाल उठ रहे थे, क्या मोदी पुनः सत्ता में आएंगे। इस बात को लेकर क्या हिन्दू क्या, मुसलमान क्या, सिख क्या और ईसाई क्या, सभी धर्मों के लोग आपस में चर्चा करते नजर आ रहे थे। किसी ने कहा कि नरेन्द्र मोदी का जितना विरोध हो रहा है, उसे देखकर यह कहा जा सकता है कि वे सत्ता में नहीं आएंगे। एक तरफ विकास कार्यों की दुहाई दी जा रही थी तो दूसरी ओर उनके विरोधी उनके हिन्दुत्व की छवि को उजागर कर अपने पक्ष में वोट बैंक बनते नजर आ रहे थे। जमीनी हकीकत कोई नहीं पहचान पा रहा था। हर तरफ एक ही तरह की बात आ रही थी कि कांग्रेस को पहले से फायदा होगा, कितना फायदा होगा, इसका किसी को अंदाजा नहीं था। बस कयास लगाए जा रहे थे। कांग्रेस हो या भाजपा दोनों के ही कार्यालयों में चर्चाओं का दौर जारी था। कांग्रेस और भाजपा के रणनीतिकार अपने-अपने तरीके से बस कयास लगा रहे थे कि यह लड़ाई बड़ी रोचक है। क्योंकि यह लड़ाई कांग्रेस या भाजपा के बीच न होकर कांग्रेस और नरेन्द्र मोदी के बीच लड़ी जा रही थी। सभी के मन में एक सवाल यह भी था कि भाजपा में विरोध बहुत है। नरेन्द्र मोदी ने कई सीटिंग विधायकों के टिकट काट दिए, लेकिन नरेन्द्र मोदी की रणनीति की ओर किसी का ध्यान नहीं जा रहा था। उन्होंने अपने विरोधियों के टिकट नहीं काटे, बल्कि जनता के विरोधियों के टिकट काटकर यह बताया कि जो भी जनता के हित की बात नहीं करेगा, उसे जनप्रतिनिधि रहने का कोई अधिकार नहीं है। कांग्रेसियों का तर्क था कि भाजपा के बागी अगर कांग्रेस के साथ होंगे तो कांग्रेस को फायदा होगा। यह फायदा किस तरह का था, बस कयास-पर-कयास लगाए जा रहे थे। गुजरात के सभी क्षेत्रों

के लोग नरेन्द्र मोदी के विरोध में बयानबाजी करते नजर आ रहे थे, लेकिन यह विरोध कहां था, इस पर जब तहकीकात की गई तो पता चला कि केवल मीडिया और कुछ चंद राजनीतिक और गैर राजनीतिक संगठनों के बीच था। मोदी का विरोध खुद अपनी ही पार्टी भाजपा के भीतर भी था जिन्हें नरेन्द्र मोदी भाव नहीं देते थे, जिनके कहने पर शासन नहीं करते थे और जिनके लिए वे आम आदमी बनकर रहना चाहते थे, लेकिन उन नेताओं की मोदी ने कभी परवाह नहीं किया।

नरेन्द्र मोदी के व्यक्तिगत जीवन का उद्देश्य था कि वे सब के लिए आम हों, किसी के लिए खास बनकर न रहें। यह बात गुजरात में भी भाजपा के उन नेताओं को खटकती थी, जो एयरकंडीशंड कमरों में बैठकर राजनीति करना चाहते थे। जिनके लिए कॉमनमैन जैसी कोई बात नहीं थी। बस बात यही थी कि उन्हें किसी तरह से सत्ता मिल जाए। नरेन्द्र मोदी ने आम इंसान की नब्ज को पहचाना। गुजरात के विकास कार्यों की ओर ध्यान देना शुरू किया। उनके लिए आम आदमी का विकास हमेशा प्राथमिकता में रहा। 2002 में जब वे मुख्यमंत्री बने तो उनका लक्ष्य गुजरात के वे 18 हजार गांव थे जिनका विकास करना उनकी प्राथमिकता में शामिल रहा। 2002 में मुख्यमंत्री बनने के बाद गुजरात में ग्राम पंचायत के चुनाव होने थे। मोदी ने यह ऐलान किया कि जो गांव सर्वसम्मति से अपने सरपंच का चुनाव करेगा, उस गांव के विकास के लिए एक लाख रुपये अलग से दिए जाएंगे। परिणाम यह हुआ कि गुजरात के गांवों की ज्यादातर विवकेशील जनता ने मोदी के इसी फार्मूले को चुना और मोदी अपने इस अभियान में सफल भी हुए।

व्यक्तिगत तौर पर मोदी का जीवन सरल और सहज रहा है। आज भी उनके मुख्यमंत्री आवास पर उस तरह की भीड़ नहीं रहती है, जैसा कि अन्य राज्यों के मुख्यमंत्रियों के यहां रहती है। क्योंकि वे सबके लिए आम हैं और सबके लिए खास। इसी उद्देश्य के साथ मोदी अपने काम को आगे बढ़ा रहे हैं। उनका जीवन सादा है और इस बात का प्रमाण उनके निजी जीवन में भी मिलता है कि वे एक कॉमनमैन की तरह जीवन जीते हैं। हालांकि कहा जाता कि वे एक अक्खड़ किस्म के

व्यक्ति हैं, लेकिन इस बात में सच्चाई नहीं है। उनका स्वभाव ऐसा है कि वे जो कुछ भी बोलते हैं, वह कम शब्दों में बोलते हैं। उन्हें कम बोलने की आदत है, परंतु उनके चेहरे की भाव-भंगिमा को देखकर ही लोग यह कहते हैं कि वे अक्खड़ हैं। नरेन्द्र मोदी से मिलने का सौभाग्य दो-तीन बार मिला, वह भी पत्रकार वार्ता के दौरान। कभी व्यक्तिगत तौर पर उनसे लंबी वार्ता नहीं हुई। लेकिन जितनी बार भी मुलाकात हुई, वह एक सरल मुलाकात रही। नपे-तुले शब्दों में उन्होंने पत्रकारों के सवालों के जवाब दिए। उनके जवाब में कभी अतिवादिता नहीं झलकी। हमेशा वे आम आदमी की भाषा बोलते रहे और उन्होंने यह साबित भी कर दिया कि अगर जनता साथ है तो विरोध के कोई मायने नहीं रहते।

नरेन्द्र मोदी को लेकर कई प्रकार के समाचार लिखे गए। गोधरा कांड के बाद गुजरात जाने का भी अवसर मिला। गुजरात की जनता के बीच नरेन्द्र मोदी का उस तरह से कोई विरोध देखने को नहीं मिला, जिस प्रकार का विरोध गुजरात से बाहर होता रहा है। वहां की जनता उनके द्वारा किए जा रहे विकास कार्यों से खुश है, लेकिन विरोधियों का सबसे बड़ा दर्द है कि आम जनता खुश क्यों है। आज नरेन्द्र मोदी गुजरात के तीसरी बार मुख्यमंत्री बने हैं। उनके तीसरी बार मुख्यमंत्री बनने से पहले और बनने के बाद मीडिया में तरह-तरह की आशंकाएं जाहिर की गईं। जिस दिन चुनाव हो रहा था, उस दिन हमारे पास एक एसएमएस आया- मोदी आउट यानी मोदी चुनाव हार रहे हैं और कांग्रेस सरकार बना रही है। इस प्रकार का एसएमएस कई पत्रकार साथियों को मिला। मीडिया में इस बात की चर्चा जोरों पर रही कि लगता है, मोदी चुनाव हार जाएंगे और कांग्रेस सरकार बना ले जाएगी। इसके पीछे तर्क यह दिया जा रहा था कि मोदी के साथ गुजरात में कोई नहीं है। जितने बड़े नेता हैं, सब विरोध में हैं, लेकिन मोदी को विश्वास था कि कोई कुछ भी कहे, जनता उनके साथ है और वही चुनाव जीतेंगे। उनके आत्मविश्वास की झलक चुनावों में भी देखने को मिल रही थी। विरोधी परेशान थे कि आखिर मोदी क्यों इतना आत्मविश्वासी हो गए है, लेकिन एक बात तय है कि जो व्यक्ति जीवन में संघर्ष कर बुलंदियों को छूता है, उसके अंदर हमेशा आत्मविश्वास बना रहता है। यह आत्मविश्वास संघर्ष से निकला हुआ सच है। इसलिए उन्हें आत्मविश्वास था और उन्होंने इस आत्मविश्वास के बल पर

अपने आपको ऐसे मुकाम पर पहुंचाया कि देश ही नहीं, दुनिया में उनके नाम की चर्चा हुई ।

मोदी, मोदी और मोदी! इसी के साथ गुजरात की जनता ने उन्हें तीसरी बार मुख्यमंत्री बनाया और 'ए मैन विद ए' मिशन की भांति काम करने के लिए उनको प्रेरित किया। आने वाले पांच वर्षों में वे क्या करेंगे, यह तो भविष्य के गर्त में छुपा है, लेकिन बीते वर्षों में उन्होंने जो कुछ किया, वह करिश्मा ही कहा जा सकता है। क्योंकि गुजरात की जनता समृद्ध है और समद्धि का यह वाहक लगातार उनकी समृद्धि के बारे में सोच रहा है। आजादी के पचास सालों के बाद गुजरात में जितना विकास नहीं हुआ, उतना विकास केवल 5 सालों में हो गया, जो अपने आप में एक दूरद्रष्टा की सोच कही जा सकती है। मोदी का करिश्माई व्यक्तित्व ऐसा रहा है कि उन्होंने वह काम कर दिखाया, जो किसी भी जनसेवक को करना चाहिए।

कुमार पंकज

अनुक्रमणिका

कुशल नेतृत्व

7 अक्टूबर, 2001 को जब गुजरात के मुख्यमंत्री के रूप में नरेन्द्र मोदी ने शपथ ली थी, तब उन्हें क्या, किसी को भी यह पता नहीं था कि मोदी दूसरी बार मुख्यमंत्री बनेंगे, लेकिन उनके कुशल नेतृत्व ने उन्हें दूसरी बार ही नहीं, बल्कि तीसरी बार भी मुख्यमंत्री के रूप में शपथ लेने का मौका मिला। मोदी के कुशल नेतृत्व का ही परिणाम है कि प्रदेश भा.ज.पा. में लाख विद्रोह के बावजूद उन्होंने सभी लोगों को साथ लेकर चलने का संकल्प लिया। विरोध हुआ, विरोध के रूप में आक्रामक होकर विरोधी आगे भी आए, लेकिन सभी परास्त हो गए। सरकार से लेकर संगठन तक में उनके खिलाफ किसी प्रकार का विरोध का स्वर मुखर नहीं हुआ। विरोधी संगठन में हुए भी तो वे केवल, जो सत्तालोलुपता के चक्कर में यह भूल गए कि उन्हें ही केवल नेतृत्व करने की जिम्मेदारी मिलनी चाहिए, किसी और को नहीं। मोदी न तो सरकार के प्रतिनिधि के तौर पर मौजूद हैं और न ही संगठन के प्रतिनिधि के तौर पर। वे अगर सत्ता में हैं तो स्वयं और केवल स्वयं के कार्य के बल पर। उन्हें किसी भी प्रकार के विरोध से नहीं दबना है, बल्कि विरोध को शांत करना और विरोधियों को अपने पक्ष में जोड़ने की कला भी उन्हें बखूबी आती है। 2001 से लेकर 2008 तक के बीच प्रदेश सरकार में किसी भी प्रकार विरोध इस रूप में नहीं देखने में आया जो और राज्यों में देखने को मिला, बल्कि मोदी की विचारधारा से असहमत लोग भी उनके कार्य से सहमत नजर आने लगे। यह एक मोदी ही हैं जिन्होंने अपनी कार्यशैली से सत्ता हासिल की है, नहीं तो भारतीय राजनीति के इतिहास में पार्टियों ने चुनाव जीता है, व्यक्ति ने नहीं।

2002 में जब मोदी दूसरी बार राज्य के मुख्यमंत्री के तौर पर शपथ ले रहे थे, उस समय तत्कालीन प्रधानमंत्री अटल बिहारी वाजपेयी भी शपथ ग्रहण समारोह में भाग लेने के लिए पहुंचे थे। अहमदाबाद के सरदार स्टेडियम में उमड़ी भीड़ को देखकर वे कह पड़े थे कि यह लोकतंत्र की जीत है और जनता

अपने जनप्रिय नेता के शपथ ग्रहण समारोह को देखने के लिए जिस प्रकार पहुंची है, उसको शब्दों में बयां नहीं किया जा सकता है। अटल जी ने जो नजारा वहां देखा, उसे वे भूल नहीं पाते, बल्कि वे इस बात को लेकर हमेशा मोदी की प्रशंसा करते रहे कि मोदी दूरदर्शी होने का सपना देखते हैं और साकार करने में जुट जाते हैं। मोदी ने शपथ ग्रहण की । मंत्रिमंडल का विस्तार किया और 5 साल तक शासन पूरा चलाया। मुख्यमंत्री निवास में चलने वाली बैठकों में मोदी ने सिर्फ और सिर्फ प्रदेश की विकास योजनाओं के लिए बैठक की। उनके पास आने-जाने वाले लोगों का कहना है कि वे किसी भी नकारात्मक सोच को ज्यादा महत्त्व नहीं देते थे। अगर कोई व्यक्ति उनके पास चला जाता है कि यह काम नहीं हो पा रहा है तो उनका सीधे तौर पर जवाब होता था कि दुनिया में कौन-सा काम ऐसा है, जो असंभव है। काम करो, नहीं होता तो उस पर सुझाव मांगो। उस पर भी नहीं होता तो काम के तरीके को बदलो यानी जब काम करने का संकल्प लिया है तो काम को करना सीखो। सभी को साथ लेकर चलने की प्रवृत्ति और विकास की बात करने वालों को उन्होंने हमेशा महत्त्व दिया है। उनके लिए यह विशेष नहीं है कि कोई व्यक्ति बड़ा है या फिर छोटा, बल्कि उनके लिए विशेष बात यह है कि व्यक्ति की सोच क्या है। सही सोचने वाला मोची भी हो सकता है और नौकरीपेशा बड़े कद का आदमी भी, लेकिन अगर मोची की सोच में ज्यादा दम है तो उसको महत्त्व दिया जाना चाहिए, न कि नौकरीपेशा वाले व्यक्ति को। उन्होंने उसी व्यक्ति को ज्यादा महत्त्व दिया, जो सही सोच का था। मोदी ने संघर्ष से अपने इस मुकाम को पाया है। मुख्यमंत्री की कुर्सी उन्हें विरासत में नहीं मिली थी। इसलिए उनके अंदर सोचने की जो प्रवृत्ति है, वह जमीन से जुड़ी है। उनका मानना है कि जब हम जमीन से आसमान तक पहुंच सकते हैं तो ऐसा किसी भी व्यक्ति के साथ हो सकता है यानी जमीन से आसमान तक पहुंचने की कला हर व्यक्ति के पास है, जब उसके जीवन में समय आएगा, वह भी महत्त्वपूर्ण हो जाएगा।

मोदी के कुशल नेतृत्व की चर्चा करते हुए एक पत्रकार ने इस पुस्तक के लेखक को बताया कि मोदी से अक्सर पत्रकार कुछ-न-कुछ उल्टा सीधा सवाल करते हैं। जब गुजरात में उनके विरोधियों का स्वर मुखर हो रहा था, तब पत्रकार यह चाहते थे कि मोदी इस पर कुछ खुलकर बोलें, लेकिन मोदी को क्या पड़ी थी कि वे कुछ बोलें। वे हमेशा यही सोचते हैं कि जब विरोधियों के सारे विरोध करने के तौर-तरीके खत्म हो जाएंगे, तब वे खुद शांत हो जाएंगे।

यह लोकतंत्र है, विरोध और समर्थन तो होता रहता है। जब दो लोग चुनाव मैदान में होंगे तो उसमें जीत एक की ही होनी है। दोनों एक साथ नहीं जीत सकते। उनके कुशल नेतृत्व का फार्मूला बिल्कुल साफ है।

जब वे पहली बार मुख्यमंत्री बने, तब उनसे जुड़े एक अधिकारी ने बताया कि उन्होंने गुजरात के जनमानस को समझने के लिए स्वयं पूरे प्रदेश का सामाजिक अध्ययन किया। जातियों के आधार से लेकर आर्थिक आधार पर गहन चिंतन-मनन करने के बाद उन्होंने यह पाया कि गुजरात की जनता को क्या चाहिए। विकास का सबसे बड़ा फार्मूला उनकी समझ में आया। जब जनता को उसकी जरूरत का सामान मिल जाएगा तो वह कहीं नहीं जाएगी और आपके लिए वह हमेशा कुछ-न-कुछ करने का प्रयास करेगी। पहली बार मौका कम था, क्योंकि मोदी को पता था कि 5 साल के लिए वे मुख्यमंत्री नहीं बने थे, फिर भी उन्होंने अपने अध्ययन में पाया कि अगर उन्हें दूसरी बार मौका मिला तो वे अगले 5 साल के लिए प्रदेश में शासन करेंगे और जनता की सामाजिक, आर्थिक जरूरतों को समझते हुए उनके लिए कार्य कर सकेंगे।

2002 में राज्य में पुनः विधानसभा के चुनाव का बिगुल बज गया। इससे पहले फरवरी, 2002 में गोधरा कांड हुआ। गोधरा कांड में मोदी की छवि को धक्का लगा, लेकिन वे इससे विचलित नहीं हुए। कौन है असली गुनहगार, यह तो जनता को तय करना था, क्योंकि केवल गोधरा कांड का रोना इस देश के लोग नहीं रो सकते। इस तरह के न जाने कितने कांड देश में हुए। अंतर यही रहा कि गोधरा कांड के समय मीडिया मुखर हो चुका था। इससे पहले देश में जो कुछ भी हुआ, वह किसी से छिपा नहीं है। चाहे वे मेरठ के दंगे हों या फिर भागलपुर के। अगर तथ्यों की पड़ताल की जाए तो गोधरा कांड केवल एक ऐसा कांड नहीं है जिससे कि पूरे देश की मर्यादा धूमिल हो गई हो और किसी एक व्यक्ति को कटघरे में खड़ा किया जा सके।

मीडिया की मुखरता ने इसको जन-जन तक पहुंचाने का काम किया, लेकिन एक महत्त्वपूर्ण तथ्य यह है कि मीडिया मोदी के खिलाफ था। 2002 में मोदी के खिलाफ जिस प्रकार से समाचार पत्रों और टी.वी. चैनलों का एक तरफा निर्णय आ रहा था, उसे देखते और पढ़ते हुए कहा जा सकता है कि मोदी के इतने विरोध के बावजूद भी उनके नेतृत्व में भा.ज.पा. की जीत हुई। मीडिया के बारे में कहा जाता है कि मीडिया किसी को चाहे तो हीरो बना सकता है, किसी को चाहे तो जीरो। मीडिया ने मोदी को जीरो बनाने में कोई कोर कसर

नहीं छोड़ी, लेकिन आज वही मीडिया मोदी के कुशल व्यक्तित्व की सराहना करते नहीं अघाता। मोदी की विचारधारा से असहमत होना अलग बात हो सकती है, लेकिन मोदी की कार्यशैली की दाद तो सभी को देनी ही पड़ेगी। जब दिसंबर, 2002 में गुजरात में विधानसभा चुनाव हुआ, उस समय मोदी को लेकर यही कहा जा रहा था कि हिन्दुत्व की लड़ाई लड़ी जा रही है, लेकिन मोदी इस बात से परेशान नहीं थे। हिन्दू होना कोई गुनाह नहीं है और हिन्दुत्व के लिए लड़ना भी किसी प्रकार का गुनाह नहीं कहा जा सकता। मोदी ने अपने दम-खम पर चुनाव लड़ा। चुनाव प्रबंधन की कला से पूरी तरह से वाकिफ मोदी ने अपने एक-एक सिपाही को आगे किया और उसे सफल प्रबंधन तंत्र का गुण बताया। मोदी अभी जनता के बीच पूरी तरह से जा नहीं सके थे क्योंकि उन्हें मौका नहीं मिल पाया था। जो मौका मिला भी था, वह काफी कम समय का था। इसलिए उनके विकास के फार्मूले को पहले कार्यकाल में पूरा नहीं किया जा सका, लेकिन योजनाएं बन चुकी थीं। 2002 के चुनाव में मोदी ने विकास का फार्मूला बना लिया था और उनके सिपाही गुजरात की जनता को यह लगातार बता रहे थे कि अगर मौका मिला तो गुजरात का कायाकल्प होगा। गुजरात की जनता ने उन्हें यह मौका दिया और दिसम्बर, 2002 में वे दूसरी बार मुख्यमंत्री बन गए। फिर क्या था, अपने कुशल नेतृत्व की शैली को आगे बढ़ाते हुए वह राज्य के विकास के लिए लगातार काम करते रहे।

5 सालों के विकास का लेखा-जोखा किसी से छिपा नहीं है, बल्कि गुजरात में दिख रहा है। गुजरात की धरती पर कदम रखते ही विकास की लहर दिखाई पड़ने लगती है। विरोध के तो मायने हर जगह होते हैं, वह भी गुजरात में देखने को मिलता है। मोदी के बारे में उनके विरोधी कहते हैं कि उन्होंने विकास कुछ भी नहीं किया, बल्कि अपना विकास करने में लग गए हैं, लेकिन यह कौन पूछे कि मोदी ने अपना विकास क्या किया है? कितनी फैक्ट्रियां उनके नाम से हैं और वे कितनी जमीन-जायदाद के मालिक हैं? यह तो गुजरात की जनता भी भली-भांति जानती है। विरोधियों के स्वर अब मंद पड़ने लगे हैं। अब लगने लगा है कि विकास पुरुष मोदी सही में विकास पुरुष कहलाने के हकदार हैं। गुजरात की जनता को जो पिछले 40 सालों में (मोदी के मुख्यमंत्री बनने से पहले) नहीं मिला था, वह अब मिल रहा है। पूरी दुनिया में फैला गुजराती समाज आज मोदी की तारीफ क्यों कर रहा है? क्या इससे पहले गुजराती दुनिया में नहीं थे? आज क्यों वे गुजरात में निवेश करने के लिए आगे आ रहे हैं? बहुत सारे ऐसे सवाल

हैं, जो मोदी के समर्थक पूछते हैं। मोदी के कुशल नेतृत्व की दाद सभी दे रहे हैं और आगे भी देते रहेंगे। मोदी के नेतृत्व में गुजरात की क्या दिशा होगी, यह तो भविष्य बताएगा, लेकिन आज मोदी विकास के लिए जितना गुजरात में जाने जाते हैं और अन्य राज्य विकास के इस मॉडल को अपनाना चाहते हैं, वह मोदी की दूरदृष्टि वाली नीति ही है, जिससे आज गुजरात, गुजरात बन पाया है।

गुजरात के सर्वांगीण विकास के लिए मोदी की नीति स्पष्ट है। 2001 में गुजरात के मुख्यमंत्री बनने के बाद मोदी गुजरात के सर्वांगिण विकास के लिए पंच योजना को अमल में लेकर आए। इन पंच योजनाओं के मुख्य अंग हैं–

1– ज्ञान शक्ति

2– ऊर्जा शक्ति

3– जल शक्ति

4– जन शक्ति

5– रक्षा शक्ति

इस अभूतपूर्व नीति से मोदी ने गुजरात में शासन किया और कर रहे हैं। इससे उनकी सफलता का अंदाज लगाया जा सकता है कि गुजरात में लोकप्रियता के नाम पर वे अभी भी शिखर पर हैं और उनके विकास की नीति को अन्य राज्य भी अपने यहां लागू कर विकास की राह पर आगे बढ़ रहे हैं। मोदी गुजरात के आम आदमी के सपने को साकार करने में जुटे हुए हैं। मोदी कहते हैं कि समग्र देश में गुजरात ऐसा राज्य होगा, जहां गरीबी रेखा से नीचे जीने वाला कोई भी परिवार बेघर नहीं होगा। इस क्रम में मोदी सरकार द्वारा बनाए गए रूर्बन प्रोजेक्ट को गजब का प्रोत्साहन मिल रहा है। मोदी कहते हैं कि गांव की आत्मा बरकरार रहे और गांव को शहरों जैसी सुविधाएं मिले। इससे बढ़कर और कुछ नहीं हो सकता।

मोदी गुजरात में तिरंगे के तीनों रंगों की विकास क्रांति को अमल में लाने के लिए पूरा प्रयास कर रहे हैं। जिसमें गुजरात ने सबसे पहले सहकारी दुग्ध क्षेत्र में श्वेतक्रांति की उपलब्धि हासिल की। इसके बाद 2001 से 2010 तक लगातार 9.6 फीसदी कृषि विकास दर हासिल कर गुजरात जैसे अकालग्रस्त राज्य ने कृषि क्षेत्र में हरित क्रांति को अंजाम दिया। वहीं केसरी रंग की शान बढ़ाने वाली ऊर्जा क्रांति के क्षेत्र में भी गुजरात ने पहल की है। इस तरह हिन्दुस्तान के राष्ट्रीय ध्वज के तीनों रंग यानी श्वेत, हरा और केसरी को विकास की क्रांति के स्वरूप में गुजरात ने साकार किया है।

भारत को नरेन्द्र मोदी ही क्यों चाहिए? इस सवाल पर आपके या किसी राजनैतिक सरोकार रखने वाले व्यक्ति के जवाब जो भी हो मगर पत्रकार सुहेल सेठ ने इसका जवाब अपनी नजर से ढूंढा है। सुहेल सेठ वे पत्रकार हैं जिन्होंने मोदी के खिलाफ तब तक खूब लिखा, जब तक वे उनसे मिले नहीं थे। आखिर मोदी में उन्हें क्या दिखा जिसने मोदी के प्रति नजरिया बदल दिया। सेठ लिखते हैं, मैं एक खुलासा करने जा रहा हूं। मैंने शायद मोदी और गोधरा कांड के बाद से मोदी की कारगुजारियों के खिलाफ सबसे ज्यादा लिखा है। मोदी को मैंने आज का हिटलर भी बना दिया। अक्सर अपने लेखों में मैंने यह धारदार तरीके से कहा है कि मोदी का कुकृत्य न सिर्फ उनके लिए बल्कि भारतीय राजनीति के लिए एक कलंक बना रहेगा। मैं तो आज भी मानता हूं कि गुजरात में गोध रा के दंगों में जो कुछ हुआ देश को भारी कीमत चुकानी पड़ेगी। मगर हकीकत यह है कि मोदी ने उस कालचक्र को ही आगे बढ़ा दिया। मोदी को गोधरा दंगों के बाद देश का सबसे सांप्रदायिक राजनीतिज्ञ करार दिया गया। मगर यह हैरान कर देने वाली बात है कि धर्मनिरपेक्षता की मसीहा कांग्रेस पर भी 1984 में वह दंगे कराने का आरोप है जिसमें 3500 से ज्यादा सिख मारे गए थे। जबकि गुजरात के दंगे में इससे तीन गुना कम लोग मारे गए थे। सांप्रदायिकता की किसी व्याख्या से परे हकीकत यह है कि भारतीय राजनीति में मोदी से बेहतर प्रशासक कोई नहीं है। सरकारी ताम-झाम से अलग मोदी से मुलाकात उनके घर पर हुई। वह भी उसी तरह जैसे खुद मोदी अपने घर में दिखते हैं। मोदी का घर और रहन-सहन देखकर मैं हत्प्रभ था। यह कुछ ऐसा था जिसे मायावती और गांधी के झंडाबरदारों को भी मोदी से सीखना चाहिए।

मोदी के घर में सेवकों की भीड़ नदारत थी। कोई सचिव या सहायक भी मुस्तैद नहीं था। सिर्फ हम दो और एक सेवक था, जो हमारे लिये चाय लेकर आया था। यह मोदी का वह आभामंडल था जिसमें गुजरात का विकास और राज्य के लोगों के जीवन स्तर को बेहतर करने की दृढ़ता दिखाई दे रही थी। सच यह भी है कि आज सिंगापुर में गुजरात का दूध बिकता है। अफगानी खाते हैं गुजराती टमाटर। कनाडा में भरा पड़ा है गुजरात का पैदा किया हुआ आलू। यह सब विकास की हार्दिक कामना व कोशिश के बिना संभव नहीं है, जो मोदी ने संभव कर दिखाया है। इतना ही नहीं, साबरमती के तट पर एक ऐसा औद्योगिक शहर बनाया जाना प्रस्तावित है जिसे देखकर दुबई और हांगकांग को भी झेंप महसूस होगी। वह मोदी ही हैं जिन्होंने सभी नदियों को आपस में जोड़ा

जिसके कारण अब साबरमती नदी सूखती नहीं है। सेठ लिखते हैं, मोदी ने यह भी बताया कि कैसे नैनो परियोजना को गुजरात में लाने में उन्होंने उत्सुकता दिखाई। रतन टाटा को प्रभावित करने के लिए उस पहले पारसी पुजारी नवसारी की कथा सुनाई। नवसारी पहला पारसी पुजारी था, जो गुजरात आया था। उस समय के गुजरात के शासक ने एक गिलास दूध भिजवाकर कहलवाया था कि उनके लिए यहां कोई जगह नहीं है। तब पुजारी ने दूध में शक्कर मिलाकर वापस भिजवाया और कहा कि शक्कर में दूध की तरह वे स्थानीय लोगों से घुल-मिल जाएंगे। इससे गुजरात को फायदा ही होगा अर्थात् वह हर कोशिश मोदी गुजरात के लिए कर रहे हैं, जो राज्य को संपन्न और मजबूत बनाए। अपने इसी हौसले के कारण मोदी अब भाजपा का वह तुरुप का पत्ता हैं जिसे आडवाणी के बाद इस्तेमाल किया जाता है। सेठ के शब्दों में, मोदी मानते हैं कि देश के पास आतंकवाद से लड़ने की कोई रणनीति नहीं है। उन्होंने बताया कि कैसे उन्होंने दिल्ली के बम धमाकों के बारे में प्रधानमंत्री, गृहमंत्री और सुरक्षा एजेंसियों को आगाह किया था मगर उन्होंने इस सूचना को गंभीरता से नहीं लिया। नतीजा सामने था कि 13 सितंबर को दिल्ली में बम धमाके हुए। आतंकवाद से जूझने की स्पष्ट रणनीति के अभाव में ही हम झेल रहे हैं आतंकवाद। कुल मिलाकर मोदी व्यावसायिक प्रगति के लिए कानून व व्यवस्था को समान तरजीह देते हैं। काम करने के तरीके और अपनी जिम्मेदारी के प्रति गंभीरता ने साबित कर दिया है कि वे गुजरात के प्रति कितने समर्पित हैं। उनसे मिलने के बाद जब लौटने के लिए कार में बैठा तो मैंने ड्राइवर से पूछा कि कैसे हैं नरेन्द्र मोदी? साधारण-सा उसका जवाब था- मेरे लिए तो भगवान है। यह तथ्यगत बात है कि मोदी से पहले गुजरात के पास उतना कुछ नहीं था, जो आज है। न रोड था, न बिजली और न मूलभूत ढांचा। आज गुजरात के पास अतिरिक्त बिजली है। गुजरात अब दूसरे राज्यों से ज्यादा उद्योगपतियों को आकर्षित करता है। बहुराष्ट्रीय कंपनियां भी गुजरात को तरजीह देती हैं। यही वह कुछ है, जो मोदी ने गुजरात को दिया है और बाकी राज्यों में नहीं है। जिस कार्यक्रम में मैं गया, वहां लोगों से नरेन्द्र मोदी के बारे में पूछा तो जवाब था, अगर भारत के पास ऐसे पांच नरेन्द्र मोदी होते तो हमारा देश महान हो जाता। अब मुझे पक्का भरोसा हो गया था कि सच में भारत को ऐसा ही युगप्रवर्तक नरेन्द्र मोदी चाहिए।

गुजरात का गौरव

आज गुजरात की पहचान नरेन्द्र मोदी से हो रही है। 2002 में गोधरा कांड के समय गुजरात की चर्चा पूरी दुनिया में हुई थी। गोधरा कांड का दर्द जो भी रहा हो, उसकी तह में जाने की जरूरत नहीं है, लेकिन नरेन्द्र मोदी ने गुजरात में जो करके दिखाया, वह आज तक किसी ने भी नहीं किया। विधानसभा चुनावों के समय देश की नजर नरेन्द्र मोदी पर थी। कौन जीतेगा-यह तो बाद की बात थी, लेकिन नरेन्द्र मोदी जीतेंगे या नहीं, इस ओर सबकी निगाहें थीं यानी भाजपा जीतेगी या नहीं इस पर कम, लेकिन नरेन्द्र मोदी जीतेंगे या नहीं इस पर चर्चा ज्यादा हो रही थी। नरेन्द्र मोदी को लेकर देश के हर कोने में बैठा व्यक्ति कयास लगाए जा रहा था, लेकिन नरेन्द्र मोदी कहां मानने वाले थे। वे तो अपने विकास की बयार को लेकर उत्साहित थे कि अगर विकास को वोट नहीं मिला, तो किसे मिलेगा? नरेन्द्र मोदी को व्यक्तिगत तौर पर भी वोट नहीं चाहिए था। वोट चाहिए था तो विकास के लिए। गुजरात की जनता के लिए भी यह परीक्षा की घड़ी थी कि वह क्या करे। एक तरफ नरेन्द्र मोदी की हिंदुत्व की छवि, तो दूसरी तरफ विकास का गौरव। किसे चुना जाए? यह सवाल बड़ा ही गूढ़ था। जिस समय विपक्ष यानी कांग्रेस वहां की जनभावनाओं के साथ खेल रही थी, उस समय गुजरात के गौरव की याद सबको आ रही थी।

जी हां, नरेन्द्र मोदी को गुजरात का गौरव कहा जाए तो यह अतिशयोक्ति नहीं होगी। यह बात सच है कि गुजरात को नरेन्द्र मोदी ने जो दिया, आज तक किसी मुख्यमंत्री ने नहीं दिया। मई, 1960 में डॉ. जीवराज मेहता भारतीय राष्ट्रीय कांग्रेस के बैनर तले बनी सरकार के पहले मुख्यमंत्री बने, तब से प्रदेश में ज्यादातर समय कांग्रेस का ही शासन रहा है। कांग्रेस के शासनकाल में बलवंत राय मेहता, हितेन्द्र भाई देसाई, घनश्याम भाई ओझा, चिमनभाई पटेल, माधवसिंह सोलंकी, अमर सिंह चौधरी जैसे दिग्गज मुख्यमंत्री रहे, लेकिन प्रदेश में विकास की धारा कहां बह रही थी, यह किसी भी मुख्यमंत्री ने नहीं बताया। यहां तक कि भाजपा में भी केशुभाई पटेल, सुरेशचंद्र मेहता जैसे मुख्यमंत्री बने।

प्रदेश में पांच बार राष्ट्रपति शासन लग चुका है। इसके अलावा जनता मोर्चा की सरकार 1975 में बनी, जब बाबूभाई जसभाई पटेल मुख्यमंत्री बने। जनता पार्टी, जनता दल की सरकारें भी प्रदेश में बनीं, लेकिन विकास पुरुष का श्रेय हासिल हुआ तो केवल नरेन्द्र मोदी को। नरेन्द्र मोदी के अन्दर ऐसा क्या है, जो अन्य के अन्दर नहीं है? कौन-सी उनकी दूरदृष्टि है, जो किसी अन्य के पास नहीं? कौन-सा ऐसा हुनर है, जो किसी अन्य के पास नहीं? कुछ तो है नरेन्द्र मोदी के पास जिसकी बदौलत वे इस नाम के लिए जाने जाने लगे। कोई मोदी को हिन्दुत्व का पुरोधा कह रहा है तो कोई कुछ, लेकिन नरेन्द्र मोदी क्या हैं, यह तो वहां की आम जनता जानती है जिसके गांव में सड़क, बिजली, पानी, यातायात की सुविधा उपलब्ध हुई। नरेन्द्र मोदी के विरोधी कहते हैं कि गुजरात के विकास का नारा केवल नरेन्द्र मोदी ने दिया है, लेकिन विकास की बात में कितनी सच्चाई है। 'नरेन्द्र मोदी केवल विकास की बात करते हैं, लेकिन करते नहीं' जैसे शब्द विरोधियों की जबान पर रटे हुए हैं। गुजरात के जिन इलाकों में मैंने दौरा किया, इतना तो तय था कि शत-प्रतिशत तो नहीं, लेकिन विकास की बहार देखने को मिली। उन राज्यों से अलग हटकर विकास का स्वरूप दिखाई पड़ा जहां के बारे में कहा जाता है कि विकास देखना है तो यहां आइए।

लोकतंत्र में विरोध को प्राथमिकता देनी चाहिए। नरेन्द्र मोदी ने विरोध को प्राथमिकता दी और उसी तरीके से काम किया। यानी जितना विरोध उतना काम। चुनावों से पहले भी नरेन्द्र मोदी के विरोधी दिल्ली से लेकर अहमदाबाद तक प्रदर्शन करते नजर आ रहे थे कि मोदी ने जो कहा है, उसमें किया कुछ भी नहीं है। किसान मर रहे हैं, आत्महत्या कर रहे हैं। कहां के किसान मर रहे हैं, किस तरह मर रहे हैं? बताया जाता रहा कि कर्ज के कारण किसान मर रहे हैं। कर्ज किसका, सरकार का या फिर स्वयं के कारणों का? इस बात का जवाब किसी के पास नहीं था। उनके विरोधी इस मानसिकता से काम कर रहे थे कि उन्हें पीछे धकेलना है, उसके लिए चाहे जो भी शब्द कहना पड़े, कहा जाए। गुजरात की आम जनता को क्या चाहिए? कहते हैं कि मुसलमान मोदी के विरोधी रहे, लेकिन मुसलमान मोदी के साथ थे, क्योंकि वे ज्यादा सुरक्षित महसूस कर रहे थे। इसके पीछे सबसे बड़ा कारण यह था कि केवल एक गोधरा के कारण पूरे राज्य की जनता उनकी विरोधी हो जाएगी, ऐसा नहीं है। गोधरा कांड की गूंज जरूर सदियों तक सुनाई पड़ेगी, लेकिन साबरमती एक्सप्रेस में जिंदा जले लोगों की चीत्कार को दबा दिया गया। गोधरा के बाद

जो कुछ हुआ, उसकी गूंज तो तब तक चलती रहेगी, जब तक मोदी रहेंगे, क्योंकि मोदी ही सबसे बड़े आरोपी हैं और कोई नहीं। इसलिए इस घटना को भुला पाना संभव नहीं है।

एक दूरद्रष्टा व्यक्ति नरेन्द्र मोदी को भी लोगों को भुलाना आसान नहीं होगा। जिन लोगों ने 1960 के बाद से मुख्यमंत्रियों के कार्यकाल को देखा और आज मोदी के काम-काज को देख रहे हैं, उन्हें मोदी के विकास के नारे को हमेशा याद रखना होगा। चाहे मोदी रहें, या न रहें, लेकिन विकास हर दिन होगा, होता रहेगा और होते रहना चाहिए। नहीं तो गुजरात विकास की जिस परिपाटी के लिए जाना जा रहा है, वह नहीं हो पाएगा।

नरेन्द्र मोदी के साथ काम करने वाले लोग बताते हैं कि नरेन्द्र मोदी केवल राजनीतिज्ञ ही नहीं, बल्कि दूरद्रष्टा हैं। उनकी सोच अन्य राजनेताओं से अलग हटकर है। वे जो भी काम करते हैं, उसमें अलग तरह की दृष्टि होती है। कांग्रेस का लंबा शासन और भाजपा का चंद सालों का शासन, उसमें भी नरेन्द्र मोदी का शासन। किसे चुना जाए, इसको लेकर लंबी रस्साकशी चल रही थी। नरेन्द्र मोदी को जब गुजरात की बागडोर सौंपी गई, तब गुजरात एक ऐसे संकट के दौर से गुजर रहा था, जहां कि केवल विकास की बात ही उस संकट के दौर से उबार सकती थी। भुज में आए भीषण भूकंप की विभीषिका से वह पूरा क्षेत्र जूझ रहा था। जहां के लोगों का पुनर्वास और आजीविका नरेन्द्र मोदी के सामने सबसे बड़ी चुनौती थी। ऐसे में नरेन्द्र मोदी ने उस चुनौती को स्वीकार किया और अस्थायी तौर पर रह रहे हजारों लोगों के आवास से लेकर आजीविका के प्रबंध को एक ऐसा रूप दिया जिससे कि आज भुज का वह क्षेत्र पूर्ण रूप से विकसित हो गया। 'मोदी ने यह सपना देखा था कि जिस चुनौती को यहां के लोग स्वीकार कर चुके हैं, परंतु उनके पास ऐसा कोई हथियार नहीं है जिससे कि वे लड़ सकें। हमारे पास तो सत्ता की शक्ति है। पूंजीपतियों के निवेश का हथियार है, क्यों न उस हथियार को अपनाया जाए और उसका प्रयोग किया जाए।' मोदी का यह हथियार काम आ गया और उन्होंने उस चुनौती को स्वीकार करते हुए विकास की रूप-रेखा तैयार की। धीरे-धीरे काम को अंजाम देना शुरू किया। परिणाम अपनी जगह, लोगों का विश्वास अपनी जगह।

गुजरात के गांवों का विकास उनकी पहली प्राथमिकता थी। उनकी सोच थी कि जब गांव विकास करेगा तो जिले का विकास होगा। जब जिले का विकास होगा तो प्रदेश का विकास होगा। इसी संकल्प के साथ आज गुजरात

में समरस ग्राम योजना, ग्राम सभा, तीर्थ ग्राम योजना, ज्योति ग्राम योजना, गोकुल ग्राम योजना, विश्व ग्राम योजना, श्रम योगी योजना को मूर्त रूप देना शुरू किया। इन योजनाओं को शुरू करने के पीछे यही उद्देश्य था कि महात्मा गांधी की इस धरती पर कुछ ऐसा काम किया जाए जो अलग हो, हटकर हो, तभी गुजरात के विकास का सपना देखा जा सकता है। मोदी मात्र गुजरात में ही लोकप्रिय नहीं हैं और न ही गुजरात के लोग ही उन्हें गुजरात का गौरव कहते हैं, बल्कि मोदी को गुजरात का गौरव कहने वाले दुनिया-भर में फैले वे गुजराती भी हैं, जो कि गुजरात के लिए कुछ करना चाहते हैं। मोदी की कार्यशैली को देखकर वे खुद अपने पर नहीं, बल्कि मोदी पर भरोसा करते हैं। गुजरात के व्यवसायी आज पूरी दुनिया में फैले हुए हैं। कुछ का तो आज भी गुजरात से नाता है, तो कुछ सालों पहले गुजरात से नाता तोड़ चुके हैं, लेकिन गुजरात के स्वाभिमान के नाम पर वे भी आगे आकर गुजरात की जनता के लिए कुछ करना चाहते हैं। वे करना तो पहले भी चाहते थे, लेकिन कोई नेतृत्व नहीं था। मोदी से पहले जिन्होंने गुजरात की बागडोर संभाली, सबने अपने लिए किया, अपने परिजनों के लिए, अपने मित्रों के लिए किया, लेकिन गुजरात के लिए किसी ने नहीं किया।

मोदी जब मुख्यमंत्री बने तो उनका सबसे बड़ा सपना था कि हमें गुजरात के लिए कुछ करना है। उनकी इस सोच में सभी ने साथ दिया। जो नहीं देना चाह रहे थे, वे उनकी पहल के बाद देने के लिए आगे आ गए। उन्होंने भी आगे बढ़कर कहा, 'मोदी जी हम आपके साथ हैं।' तभी तो क्या ब्रिटेन, क्या यूरोप और क्या अमेरिका, जहाँ भी गुजराती समाज था, सबने मोदी को आगे बढ़ाने का संकल्प लिया कि मोदी जी आप संघर्ष करें, हम आपके साथ हैं। मोदी ने सबकी भावनाओं का ख्याल रखा। सभी के साथ मिलकर इस बात की रणनीति बनाई कि कैसे विकास करना है? उन्होंने कभी यह नहीं सोचा कि अगर किसी ने विचार दिया और वे उस विचार पर अमल करेंगे तो छोटे हो जाएंगे, बल्कि यह देखा कि उस विचार को अगर अमली जामा पहनाया जाए तो शायद सफलता मिल सकती है। यह सोच थी मोदी की।

मोदी ने सबके विचारों को सहर्ष स्वीकार किया। अपने आस-पास के लोगों की बात मानी। उन्होंने सबसे सीखा, चाहे वह किसान हो या फिर पान की दुकान करने वाला कोई व्यक्ति। वह मजदूर हो या अधिकारी, सबके साथ समान व्यवहार बनाकर जानना चाहा कि विकास का मतलब क्या होता है? कैसे

किया जा सकता है विकास? तब कहीं जाकर मोदी के विकास का फल प्रकट हुआ और मोदी ने उन विचारों को साकार करने के लिए इस निश्चय के साथ कटोरा फैला दिया कि गुजरात का विकास करना है, किसी व्यक्ति का नहीं। जब गुजरात की बात आई, तब दुनिया-भर के गुजराती भाई एक हो गए। कुछ ने जरूर विरोध किया, लेकिन वह विरोध उसी प्रकार का होता है कि एक घर में सभी की सोच समान नहीं होती। ऐसा ही कुछ गुजरात के साथ हुआ, लेकिन मोदी सबको लेकर चलने वाले व्यक्ति थे। इसलिए उन्होंने कभी निराशा नहीं जताई, बल्कि सोच पैदा की कि कोई बात नहीं, जिसे आगे आना है आए, जिसे आगे नहीं आना है, वह अपने विचार दे, उसका भी स्वागत किया जाएगा। मोदी ने सभी का स्वागत पूरे मन के साथ किया और उसे फलीभूत करने के लिए संकल्प लिया।

आज मोदी का संकल्प पूरा होता दिख रहा है। राज्य में तीसरी बार मुख्यमंत्री बनने के बाद उनका लक्ष्य है कि 2010 में गुजरात का परिदृश्य बिल्कुल अलग होगा। कैसा होगा परिदृश्य, यह 2010 में देखा जा सकता है, लेकिन आज मोदी ने यह श्रेय जरूर हासिल कर लिया है कि वे गुजरात के गौरव के रूप में, गुजरात के प्रतीक के रूप में पूरी दुनिया में जाने जा रहे हैं। मोदी कन्या केलवणी एवं प्राथमिक शिक्षा अभियान जैसे सामाजिक आंदोलन के स्वरूप को आगे बढ़ाने में लगे हुए हैं। मोदी का कहना है कि आने वाले कल का गुजरात संपूर्ण शिक्षित बने, ऐसा वातावरण तैयार किया जाए कि राज्य सरकार के प्रयासों से समाज को जोड़कर निरक्षरता का कलंक मिटाया जाए।

2010 का गुजरात

बात अक्टूबर, 2001 की है। जब भारतीय जनता पार्टी के शीर्ष नेतृत्व ने नरेन्द्र मोदी को याद किया और कहा कि गुजरात में भा.ज.पा. की सरकार का नेतृत्व आपको करना है। उस समय नरेन्द्र मोदी केन्द्रीय संगठन में सक्रियता के साथ काम कर रहे थे और अपने विशेष तेवर के लिए जाने जाते थे। छात्र जीवन से लेकर मुख्यमंत्री बनने से पहले नरेन्द्र मोदी का जो व्यक्तित्व था और जो तेवर थे, उससे सभी भली-भांति वाकिफ थे। नरेन्द्र मोदी एक मिशन की तरह पार्टी के लिए काम कर रहे थे। उनके व्यक्तित्व की शैली से पार्टी के सभी नेता परिचित थे और सब-के-सब यह चाहते थे कि इस तेज-तर्रार नेता को कोई ऐसा मौका दिया जाए जिससे कि इनके अनुभवों का लाभ मिल सके। नरेन्द्र मोदी उस समय अपनी दूरद्रष्टा छवि के कारण सभी के चहेते बन गए थे। गुजराती समाज के लोग जो देश-दुनिया में रहते थे या जो भी नरेन्द्र मोदी की कार्यशैली को जानते थे, सबने नरेन्द्र मोदी के कार्य करने की क्षमता की सराहना की। जब लोगों को पता चला कि नरेन्द्र मोदी को गुजरात का नेतृत्व दिया जा रहा है तो उन्होने कहा कि निश्चय ही गुजरात का कायाकल्प होगा, क्योंकि नरेन्द्र मोदी हमेशा विशेष प्रकार की कार्यशैली से लोगों को नई सोच दे रहे थे।

7 अक्टूबर, 2001 को जब वे केशुभाई पटेल की जगह गुजरात के मुख्यमंत्री बने, उस समय गुजरात विभिन्न प्रकार की प्राकृतिक आपदाओं से जूझ रहा था। जनवरी, 2001 में आए भीषण भूकंप से प्रदेश की आर्थिक और सामाजिक व्यवस्था चरमरा-सी गई थी, लेकिन मुख्यमंत्री बनने के बाद मोदी ने उसका कायाकल्प करने का बीड़ा उठाया। प्रदेश की जनता के अंदर एक आत्मविश्वास पैदा करते हुए उन्होंने रणनीति बनाई कि किसी भी प्रकार से गुजरात का कायाकल्प करना है। राष्ट्रीय और अंतर्राष्ट्रीय स्तर पर गुजरात को एक नए मुकाम पर पहुंचाना है, ताकि गुजरात, गुजरात बन सके। बापू की इस

धरती को स्वर्ग बनाने का संकल्प ले, वे मैदान में कूद पड़े। भुज क्षेत्र में भूकंप की त्रासदी झेल रहे लोगों के जीवन स्तर को सुधारने के लिए मोदी ने स्वयं कमान अपने हाथ में ली और आवासीय व्यवस्था से लेकर रोजी-रोटी के संसाधनों पर स्वयं ध्यान देना शुरू किया। देश-विदेश में बसे गुजरातियों के अलावा बड़े उद्योगपतियों को उन्होंने अपनी योजनाएं बताईं। भुज क्षेत्र के विकास के लिए आर्थिक सहायता मांगी, क्योंकि उस समय भुज में लोग अस्थायी आवासों में रह रहे थे। उनके पास किसी प्रकार का आर्थिक स्रोत नहीं था। जो स्रोत था, वह भूकंप की भेंट चढ़ गया था। ऐसे में विकास ही एकमात्र रास्ता था, जो भुज क्षेत्र के लोगों के जीवन स्तर में सुधार ला सकता था। मोदी की रणनीति कामयाब हुई। भुज में विकास की ऐसी बयार बही कि पूरा-का-पूरा क्षेत्र बदल गया। आदर्श गांवों की स्थापना होने लगी। बिजली, पानी से लेकर स्कूल, अस्पताल आदि का प्रबंधन किया गया। एक ऐसा मॉडल बनाया गया, जो लोगों के जीवन स्तर में सुधार ला सके। मोदी ने वह करिश्मा किया। भुज का कायाकल्प हुआ। पूरा क्षेत्र एक ऐसे मॉडल के रूप में विकसित हुआ कि लोग उस मॉडल को देखने आने लगे। बस यही वह दौर था जिसने मोदी के अंदर और आत्मविश्वास पैदा किया। उन्हें विकास के लिए प्रेरणादायी बनाया। जब भुज की जनता के चेहरों पर मुस्कान देखी तो उन्हें लग गया कि जनता विकास चाहती है। बिना विकास के जीवन स्तर सुधारने की बात बेमानी हो सकती है। ऐसे में भुज ही नहीं, बल्कि पूरे गुजरात के विकास की रूप-रेखा तैयार की जाने लगी। उसके लिए एक समय सीमा निर्धारित की गई, ताकि विकास के लिए जरूरी संसाधनों को लोगों तक पहुंचाया जा सके।

गुजरात में औद्योगिक विकास की अपार संभावनाएं नजर आईं। उसके लिए योजनाएं तैयार की जाने लगीं। कौन-सी योजना किस इलाके में किस प्रकार का महत्त्व रखती है, उस पर अध्ययन किया जाने लगा। सामाजिक और आर्थिक रूप से लोगों को मजबूत बनाने के लिए पिछड़े क्षेत्र की पहचान की गई। उन्होंने सबसे पहले पंचायतों के विकास का मॉडल पेश किया। आदर्श ग्राम पंचायतों को और आदर्श बनाने और उससे सीख लेकर और पंचायतों का कायाकल्प करने की योजना की शुरुआत की। पिछले 40 सालों में जो गुजरात, गुजरात नहीं बन पाया था जहां बिजली, पानी की पहुंच नहीं थी, वहां बिजली, पानी, सड़क की योजना देकर लोगों के जीवन स्तर को सुधारा जाने लगा। गांव-के-गांव विकास के वाहक बनते जा रहे थे। अगर एक गांव में बिजली

पहुंच गई तो वहां पानी, स्वास्थ्य सुविधाएं और स्कूल के अलावा सूचना प्रौद्योगिकी जैसे माध्यमों को भी आगे लाने का काम शुरू किया गया। खेती करके आजीविका चलाने वाले किसानों के लिए आकर्षक योजनाएं शुरू की गईं, ताकि किसान ज्यादा-से-ज्यादा अन्न का उत्पादन कर सकें। किसानों की फसल खरीदने के लिए विशेष योजना तैयार की गई, ताकि साहूकारों के चंगुल से उन्हें बचाया जा सके। जो उचित कीमत हो वह मिले, ताकि किसान जो पसीने की कमाई खाता है, उसके पसीने का सही मूल्य उसे मिल सके। मोदी की इस सोच ने गुजरात की दिशा बदलनी शुरू की। लोगों का जीवन स्तर ऊंचा उठने लगा। इसके बाद बारी थी गुजरात के आर्थिक ढांचे को मजबूत करने की। गुजरात में निवेशक आना चाहते थे, लेकिन उन्हें कभी मौका नहीं दिया गया। देश-विदेश में बसे लाखों गुजरातियों की भावनाओं को समझते हुए मोदी ने उन्हें गुजरात के लिए कुछ कर दिखाने के लिए प्रेरित करना शुरू किया। लोग आगे आए, उद्योगपति आगे आकर यह कहने लगे कि उन्हें निवेश करना है। निवेश का माध्यम बताया जाए। यह देखा जाने लगा कि कौन-सा क्षेत्र किस उद्योग के लिए श्रेष्ठ है, उस क्षेत्र की तलाश की जाने लगी। महिलाओं से लेकर बच्चों तक के जीवन स्तर को बदलने वाली योजनाओं की शुरुआत की जाने लगी। गांव से लेकर लोगों के जीवन स्तर में आ रहे अभूतपूर्व बदलाव ने गुजरातवासियों की मानसिकता को बदल दिया। उन्हें लगने लगा कि अब विकास की दौड़ में वे पीछे नहीं रह गए हैं, बल्कि आगे बढ़ते जा रहे हैं। लगातार आगे बढ़ने से ही उन्नति होगी। इन सारे कामों को खुद और खुद मोदी ने अंजाम दिया। रणनीतिकारों के साथ लगातार बैठकर वे योजनाएं बनाते रहे। उनकी योजनाओं में एक योजना यह भी बनी कि जब गुजरात राज्य अपनी स्थापना की स्वर्ण जयंती यानी 50 साल पूरे कर रहा होगा तो गुजरात की तस्वीर अलग हो।

मोदी 2010 के गुजरात को अपना सपना मानकर चल रहे हैं। उस सपने में छिपा है एक ऐसा दृष्टिकोण जो उन्हें यह बताने के लिए प्रेरित करता है कि गुजरात एक मॉडल राज्य बने, देश के लिए ही नहीं, बल्कि विदेशों में भी गुजरात के विकास की अलग छवि पेश हो। रणनीति बन रही है, विशेषज्ञों के साथ बैठकर लगातार सलाह-मशविरा किया जा रहा है कि गुजरात को गुजरात बना दिया जाए। चाहे वह औद्योगिक क्षेत्र हो या फिर सूचना प्रौद्योगिकी का क्षेत्र, सड़क का विकास हो या फिर गांवों का, बिजली-पानी की सुविधा हो

या फिर स्वास्थ्य सेवाओं या शिक्षा का मामला, हर क्षेत्र में गुजरात विकास करें। गुजरात के लोगों का जीवन स्तर सुधरे। जो गुजराती में ही संसाधन तलाशें, ऐसी सोच लेकर मोदी लगातार आगे बढ़ रहे हैं। उनके द्वारा अभी तक गुजरात में जो भी योजनाएं चलाई गई हैं, सबने सफलता की अलग कहानी कही है। चाहे वह कृषि महोत्सव हो या फिर चिरंजीवी योजना, रोमिंग राशन कार्ड की योजना हो या फिर रोमिंग स्कूल कार्ड, मातृ वंदना योजना, बेटी बचाओ अभियान, ज्योतिग्राम योजना, कर्मयोगी अभियान, अब सारी योजनाएं मूर्त रूप ले रही हैं, लोगों के सपनों को साकार कर रही हैं। वे चाहते हैं कि गुजरात की भावी पीढ़ी यह देखे कि गुजरात का कायाकल्प हो गया है। जो गुजरात में है, वह कहीं नहीं है। युवाओं की सोच के अनुरूप उन्होंने विकास की ऐसी धारणा पैदा की है कि लोग दांतों तले उंगली दबा लेते हैं। वे लगातार लोगों को इस बात के लिए प्रेरित करते हैं कि गुजरात को गुजरात बनाओ। एक ऐसा राज्य बनाओ, जो सभी राज्यों के लिए आदर्श बन जाए।

गुजरात आज आदर्श राज्य बन गया है। अन्य राज्य गुजरात से प्रेरणा ले रहे हैं, विकास के मॉडल को अपनाने की बात कर रहे हैं। लोकतंत्र में हर कोई चाहता है कि उसकी सत्ता कायम रहे। इसके लिए लगातार प्रयास भी किए जा रहे हैं, लेकिन आदर्श राज्य बनाना केवल आदर्श सोच के माध्यम से ही संभव हो सकता है। सभी के लिए रोजगार, सभी के जीवन स्तर में सुधार से आदर्श की भावना पैदा होगी। मोदी की सोच है कि 2010 का गुजरात जब अपनी स्थापना की 50वीं वर्षगांठ मना रहा हो तो पूरे गुजरात की मिसाल दुनिया का हर एक देश दे। बताया जा रहा है कि मोदी दिन-रात 2010 के गुजरात का सपना लेकर चल रहे हैं। उस सपने का तो पता नहीं, लेकिन उनके आस-पास रहने वाले लोग बताते हैं कि उनके सपने में छिपा है विकास, विकास और सिर्फ विकास।

स्वर्णिम गुजरात

गुजरात आज स्वर्णिम गुजरात बन चुका है। 1 मई, 1960 को जब मुंबई राज्य में से छोटे-से व्यापारी राज्य की छवि लिए गुजरात राज्य अलग हुआ, तब किसी ने कल्पना भी नहीं की थी कि इस राज्य का भविष्य कैसा होगा। ऐसे वक्त में गुजरात की जनता ने अपने साहस और व्यापारिक सूझ-बूझ के संस्कारों को झलकाया। आज 50 वर्ष की विकास यात्रा के दौरान गुजरात समग्र देश के विकास का चालक बल बना है। गुजरात देश का ग्रोथ इंजन बन रहा है। इतना ही नहीं, समग्र विश्व की निगाहें आज गुजरात पर हैं। गुजरात की प्रगति गुजरात के साढ़े पांच करोड़ गुजरातियों की वजह से है। भारत के स्वतंत्रता संग्राम में समग्र विश्व को सत्याग्रह का अहिंसक शस्त्र देकर महात्मा गांधी ने गुजराती संस्कार को विश्व के समक्ष रखा तो सरदार वल्लबभाई पटेल ने अखंड भारत के निर्माण में जो साहस दिखाया, वह प्रत्येक देशवासी के लिए गौरवपूर्ण है। महागुजरात आंदोलन के समय इंदुलाल याज्ञिक जैसे मनीषी महानुभावों के मार्गदर्शन और रविशंकर महाराज के आशीर्वाद के साथ नवनिर्मित गुजरात राज्य ने विकास के नूतन मार्ग पर तीव्र यात्रा प्रारंभ की, जो आज भी अविराम जारी है।

50 साल की इस यात्रा के दौरान गुजरात राज्य ने अनेक उपलब्धियां हासिल की हैं। इन उपलब्धियों के साथ साल 2010 में गुजरात अपनी स्वर्ण जयंती मना रहा है। मुख्यमंत्री नरेन्द्र मोदी ने गुजरात की स्थापना के 50 साल पूरा होने की घटना को ऐसा अविस्मरणीय बनाने का संकल्प लिया कि आने वाले वर्षों तक पूरा विश्व गुजरात को उसकी अस्मिता, गौरव, विकास तथा संस्कार के लिए याद करता रहेगा। स्वर्णिम जयंती वर्ष के प्रथम दिन ही गुजरात ने स्वर्णिम जयंती संकल्प परिषद के सदस्य के रूप में ऐतिहासिक कदम उठाया। मुख्यमंत्री ने राज्य के तमाम लोगों और सभी राजनीतिक दलों के नेताओं के साथ मिलकर स्वर्णिम जयंती समारोह मनाने का संकल्प लिया।

1 जनवरी, 2010 को गुजरात स्वर्णिम जयंती संकल्प परिषद का राज्य विधानसभा में एक विशेष सत्र आयोजित किया गया। इसमें वर्तमान एवं पूर्व मुख्यमंत्रियों, अन्य मंत्रियों, गुजरात के वर्तमान एवं पूर्व सांसदों, सभी राजनीतिक दलों के वर्तमान और पूर्व विधायकों ने सर्वानुमति से स्वर्णिम जयंती मनाने का संकल्प किया था। नरेन्द्र मोदी ने गुजरातियों के स्वभाव की लाक्षणिकताओं का महत्त्व बताते हुए कहा कि दूसरों के लिए पसीना बहाने वाला है गुजराती। दूसरों की सेवा करने वाला होता है गुजराती। गुजरात की विकासलक्ष्यी उपलब्ध्यिों का कारण यही सेवा की भावना है। केवल गुजरात में ही नहीं, बल्कि विश्व-भर में बसने वाले गुजरातियों ने सदाबहार गुजरात खड़ा किया है। गुजरातियों ने विश्व के कोने-कोने में बसने के लिए समुद्रों को पार करने हेतु छोटी-छोटी नावों में सफर किया था, वह 19वीं और 20वीं सदी थी। अब युग बदला है। इक्कीसवीं सदी में गुजरात का संकल्प यही होना चाहिए कि पूरा विश्व गुजरात को अपना घर बनाए। इस संकल्प को पूर्ण करने के लिए गुजरात ने अपनी विकास यात्रा प्रारंभ की।

एक छोटा-सा संकल्प भी गुजरात के आने वाले कल का सृजन करने के लिए नई शक्ति बनेगा। यह अभिलाषा मुख्यमंत्री नरेन्द्र मोदी ने निरंतर व्यक्त की है। गुजराती का सत्व, शक्ति, सामर्थ्य, संकल्पपूर्वक सबको जोड़ने का अवसर अर्थात गुजरात की स्वर्णिम जयंती का अवसर। गुजरात के स्वर्णिम जयंती वर्ष में प्रत्येक गुजराती एक-एक संकल्प करे तो साढ़े पांच करोड़ गुजरातियों के संकल्प से गुजरात की विकासयात्रा एक साथ साढ़े पांच करोड़ कदम आगे बढ़ेगी। इस उद्देश्य के साथ गुजरात ने विकास के स्वर्णिम संकल्प का जनाभियान छेड़ा है।

गुजरात देश का एकमात्र ऐसा राज्य है, जहां पिछले एक दशक से राज्य का सर्वांगीण विकास हो रहा है। राज्य में कृषि क्षेत्र के साथ ही उद्योगों का सम्यक विकास हो रहा है और इसी के परिणामस्वरुप गुजरात ने वैश्विक मंदी के नकारात्मक असर को महसूस नहीं किया। नरेन्द्र मोदी की अगवानी में चल रहे विकास अभियान ने गुजरात को विकास के मामले में विश्व में अग्रिम स्थान दिलवाया। इसी आत्मविश्वास के साथ गुजरात साल-दर-साल असरदार ढंग से आर्थिक प्रगति कर रहा है। गुजरात का स्थानीय उत्पादन (जीएसडीपी) 3,06,816 करोड़ जितना है, जो पिछले आठ वर्षों से औसतन 10.86 प्रतिशत की दर से बढ़ रहा है। इस दौरान औद्योगिक विकास दर 12.5 प्रतिशत रही।

समग्र देश में प्रतिव्यक्ति आय औसतन 29,642 है, जिसकी तुलना में राज्य की प्रति व्यक्ति आया 37,532 है और प्रत्येक व्यक्ति आयवृद्धि की दर (2006-07 में) 8.13 प्रतिशत थी। प्रति व्यक्ति बिजली का उपयोग 1424 केडब्ल्यूएच है, जबकि राष्ट्रीय औसत 690 केडब्लूएच है।

गुजरात राज्य में शहरीकरण का दायरा भी विशेष है। राज्य का 37.4 प्रतिशत क्षेत्र शहरी है। गुजरात अरंडी, जीरा सूती, कपड़ा पॉलिश्ड हीरों का विश्व में सबसे बड़ा उत्पादक देश है। देश के 85 प्रतिशत नमक का उत्पादन गुजरात में होता है। देश के 80 प्रतिशत पॉलिश्ड हीरे गुजरात में तैयार होते हैं। देश के प्लास्टिक उद्योग में गुजरात का योगदान 65 प्रतिशत होता है। इसी प्रकार पेट्रोकेमिकल्स में गुजरात का हिस्सा 62 प्रतिशत है। कृषि उत्पादन में भी गुजरात देश-भर में अग्रसर है। कृषि महोत्सव जैसे योजनाबद्ध कदमों के कारण आज गुजरात के किसानों के खेत तक कृषि ज्ञान पहुंचा है। इसी कारण गुजरात में कृषि उत्पादन जो पहले 9000 करोड़ था, वह आज 49 हजार करोड़ हो गया है। देश में 42 प्रतिशत से ज्यादा मूंगफली का उत्पादन गुजरात करता है। इसी तरह देश के 35 प्रतिशत कपास का उत्पादन गुजरात राज्य में होता है। गुजरात की कृषि विकास दर दस प्रतिशत है। आधुनिक सुविधाओं और टेक्नोलॉजी के कारण आज गुजरात राज्य में दुग्ध उत्पादन 83 लाख मीट्रिक टन तक पहुंच गया है, जो आने वाले दिनों में 87 लाख मीट्रिक टन हो जाएगा।

हर मामले में सर्वोत्कृष्ट

एक मामूली-से संकेत से सब कुछ सामने आ जाता है। 10वीं योजना (2002-07) की अवधि में गुजरात की विकास दर (जी.डी.पी.) सभी राज्यों में सर्वश्रेष्ठ 10.67 प्रतिशत रही, जबकि लक्ष्य 10 प्रतिशत का था और स्वयं देश की जी.डी.पी. मात्र 8 प्रतिशत रही।

योजना आयोग के अनुसार, गुजरात निर्धनता उन्मूलन में सभी राज्यों में प्रथम स्थान रखता है। इस राज्य में गरीबी रेखा से नीचे रहने वालों की संख्या सबसे कम मात्र 15 प्रतिशत है। गुजरात ने दलितों के 20 सूत्री कार्यक्रम कार्यान्वयन में भी 5 वर्षों में अव्वल श्रेणी प्राप्त की है। गुजरात ही ऐसा प्रदेश है, जहां सभी असंगठित मजदूरों, किसानों, विकलांगों, विद्यार्थियों, विधवाओं आदि के लिए एक लाख रुपये का दुर्घटना बीमा किया जाता है। गुजरात ही रोजगार दफ्तरों के माध्यम से रोजगार प्रदान करता है। यहां सभी राज्यों का कुल

54 प्रतिशत रोजगार का हिस्सा बना हुआ है। पिछले 5 वर्षों से मोतियाबिंद के ऑपरेशन मे भी गुजरात ने अपना प्रथम स्थान बनाए रखा है।

ग्रामीण बुनियादी ढांचा

गुजरात में 100 प्रतिशत गांवों में 24 घंटे बिजली उपलब्ध है, 99 प्रतिशत गांवों में सभी मौसमों वाली सड़कें बनी हुई हैं जिनमें 96 प्रतिशत गांवों में पक्की सड़कें बनी हैं, 99 प्रतिशत गांवों में सार्वजनिक बस सेवा उपलब्ध है और 99 प्रतिशत गांवों में स्वच्छ पेय जल मिलता रहता है, जबकि इसकी तुलना में पूरे भारत का औसत केवल 50 प्रतिशत बैठता है।

जल क्रांति

स्वतंत्रता के समय से सूखा पीड़ित तथा चिरंतन जल के अभाव वाले राज्य में अब गुजरात जल क्रांति की दिशा में बढ़ रहा है। गुजरात में 1,08,000 चैक बांध, 45,000 बोरी बांध, 13,700 फार्म पौंड और गहरी खुदाई वाले 15,000 ग्राम जलाशय बनाए गए हैं। जल स्तर बढ़ा है जिससे सभी गांवों को पाइप लाइन के जरिए स्वच्छ जल मिल सके। भूमिगत जल ट्यूबवैल 150 फीट गहरे खोदे गए हैं। अब गुजरात टैंकर मुक्त राज्य बन गया है। सूखा पीड़ित राज्य इतिहास बन चुका है तथा सौराष्ट्र, कच्छ और उत्तरी गुजरात से लोगों का पलायन बंद हो गया है।

नर्मदा बिजली

सरदार सरोवर बांध का कंक्रीट वाला काम पूरा हो चुका है और अब केवल 30 द्वारों को पूरा करना बाकी है। 11,450 मेगावाट के दोनों बिजलीघरों का काम 2004 तथा 2006 में शुरू हुआ था। सरदार सरोवर परियोजना से मध्य प्रदेश और महाराष्ट्र को उनके हिस्से की 57 प्रतिशत तथा 27 प्रतिशत बिजली मिलनी शुरू हो चुकी है। सुजला सुफला योजना लगभग पूरी हो चुकी है जिससे नर्मदा नदी की बोनस नदी से प्राप्त पानी को उप-शहरों तथा 400 गांवों को दिया जाता है।

कृषि क्रांति

पिछले 5 वर्षों में जल क्रांति के साथ-साथ कृषि क्रांति भी आई। अब फसल उत्पादन 9000 करोड़ रुपये से बढ़कर 34,000 करोड़ तक जा पहुंचा

है, जो कि उपज के हिसाब से दुगना हो गया है। कपास की फसल में छह गुणा वृद्धि हुई है, जो 2002-03 में 23 लाख गांठों से बढ़कर 2006-07 में 123 लाख गांठ तक पहुंच गई है और इस प्रकार प्रति हेक्टेयर में 700 किग्रा. की पैदावार शुरू हो गई है, जो विश्व में एक रिकॉर्ड है। अब चीन गुजरात से 60 प्रतिशत कपास का आयात करता है। फलों और सब्जियों की उपज में भी गुजरात का स्थान सबसे ऊपर है और यहां प्रति हेक्टेयर 16 मीट्रिक टन की उपज होती है। भूमि से प्रयोगशाला तक कार्यक्रम में 20 लाख किसानों को सॉयल हेल्थ कार्ड दिए गए हैं, ताकि बेहतर फसल उगाने के तरीकों की उत्कृष्ट किस्म का पता लगाया जा सके। राज्य में ड्रिप तथा स्प्रिंकलर सिंचाई को फैलाने के लिए 'गुजरात ग्रीन रेवोल्यूशन' बनाई गई है। गुजरात के किसान अब दो से चार फसलों तक उपज करते हैं और इससे राज्य की जी.डी.पी. में कृषि का हिस्सा बढ़ गया है।

बिजली में आत्मनिर्भरता

अब गुजरात बिजली में लगभग आत्मनिर्भर हो चुका है। 2002 में लगभग 2500 मेगावाट बिजली की कमी थी और 5 वर्षों के अंदर गुजरात ने सेंट्रल तथा प्राइवेट भागीदारी से 8100 मेगावाट से 11000 मेगावाट तक अपनी क्षमता बढ़ा ली है। 9000 मेगावाट बिजली संयंत्र और भी बन रहे हैं जिनमें एन.टी. पी.सी./टाटा संयुक्त रूप से 4000 मेगावाट के संयंत्र लगा रहे हैं। गुजरात ने 2003 में बिजली सेक्टर में सुधार का काम शुरू किया जिससे टी. एंड टी. क्षति को 45 प्रतिशत से घटाकर 23 प्रतिशत तक ले आया गया और इसे फिर से गठित किया गया। परिणामस्वरूप 2500 करोड़ रुपये की हानि वाली जी.ई. बी. में प्रोडक्शन, ट्रांसमिशन, डिस्ट्रीब्यूशन और प्रशासन के लिए सात कंपनियां बनाकर अब इसे 250 करोड़ रुपये वाली लाभकारी कंपनी बना दिया गया है। बिजली का वितरण भी उचित ढंग से होता है। कृषि को 33 प्रतिशत, उद्योग को 33 प्रतिशत तथा निवासीय/वाणिज्यिक/उपयोगिताओं को 33 प्रतिशत बिजली दी जाती है।

बिजली सुधार

पिछले दो वर्षों से राज्य में बिजली की कटौती नहीं होती है। किसानों को 1700 करोड़ रुपये की बिजली सब्सिडी दी जाती है, जो देश में सबसे अधिक

है। 5 वर्षों से बिजली की दरें बढ़ाई नहीं गई हैं और वास्तव में कृषि बिजली पर पिछले 20 वर्षों से चले आ रहे पुराने बिक्री कर को खत्म कर 975 करोड़ रुपये का अनुदान दिया गया और घरों तथा औद्योगिक बिजली के शुल्क को 60 प्रतिशत से घटाकर 20 प्रतिशत कर दिया गया। ज्योतिग्राम योजना के अंतर्गत राज्य के सभी 18,000 गांवों को 1200 करोड़ रुपये की लागत से पिछले चार वर्षों के रिकॉर्ड समय में बिजली व्यवस्था की गई है जिससे इन सभी को 24 घंटे बिजली उपलब्ध रहती है। गुजरात ही पहला प्रदेश है, जिसने यह सब कुछ कर दिखाया है। गुजरात में प्रति व्यक्ति बिजली का प्रयोग 1313 यूनिट है, जो राष्ट्रीय औसत के 700 यूनिट से दुगना है। गुजरात को भारत ने बिजली की इस उपलब्धि के लिए 'इंडिया एक्सीलेंस अवॉर्ड 2005' दिया था।

गैस इंटरनेशनल ब्रिड

गैस और पेट्रोलियम सेक्टर में गुजरात पहला प्रदेश है जिसने प्रदेश में दो एल.एन.जी. टर्मिनल बनाए हैं तथा दो और टर्मिनल बनने वाले हैं। 20 शहरों में 2000 कि.मी. लंबी गैस पाइप लाइन से 20 लाख घरों को शीघ्र ही रसोई गैस मिलने लगेगी। गुजरात पी.एस.यू. पेट्रोलियम कॉर्पोरेशन को ऑस्ट्रेलिया में ऑयल एक्सप्लोरेशन के लिए तीन ब्लॉक तथा मिस्र में दो ब्लॉक प्राप्त हुए हैं और कृष्णा गोदावरी बेसिन में भी दो लाख करोड़ रुपये प्राप्त हुए हैं। गुजरात ने सभी सार्वजनिक परिवहनों को सी.एन.जी. गैस में बदलने का काम शुरू कर दिया है, ताकि पर्यावरण में सुधार लाया जा सके।

स्वास्थ्य में नई खोज

'चिरंजीवी योजना' को सिंगापुर में 'वाशिंगटन पोस्ट' का एशियन इन्नोवेटिव अवार्ड प्राप्त हुआ है। 'बेटी वैभव आंदोलन' के कारण महिलाओं की दर प्रति 1000 पुरुष के पीछे 802 से बढ़कर 870 हो गई है। विद्यार्थियों के निःशुल्क मेडिकल चैक-अप का काम हाथ में लिया जा रहा है। 44 हजार आंगनवाड़ियों के 3 वर्षों से कम आयु के 10 लाख बच्चों को विटामिन ए-डी पोषाहार दिया जाएगा। विश्व बैंक की सहायता से 30 हजार टन प्रतिदिन मल उपचाकर का काम हाथ में लिया जा रहा है, जिसकी प्रशंसा सुप्रीम कोर्ट ने भी की है। मेडिकल टूरिज्म की संकल्पना सफल सिद्ध हुई है और अहमदाबाद में प्रत्येक अंतर्राष्ट्रीय उड़ान से विदेशी/एन.आर.आई. रोगी यहां आते हैं। नमक

मजदूरों, मछुआरों, आदिवासियों तथा अंदरूनी क्षेत्रों के लिए 85 मोबाइल वैन डॉक्टरी सेवाओं के लिए दी गई हैं। शहरी क्षेत्रों से नगर स्वास्थ्य केन्द्र शुरू किए गए हैं।

शिक्षा में गुजरात मॉडल

भारत सरकार ने सर्वशिक्षा अभियान के गुजरात मॉडल की सराहना की है और अन्य राज्यों से भी इसे अपनाने का आग्रह किया गया है। कन्या केलावाड़ी रथ यात्रा के माध्यम से प्राइमरी प्रवेश 85 से बढ़कर 100 प्रतिशत हो गया है और बीच में स्कूल छोड़ने वालों की संख्या 34 प्रतिशत से घटकर 3.24 प्रतिशत रह गई है। अब राज्य में कांग्रेसी शासन के बाद से एक लाख अध्यापकों और एक लाख कक्षाओं की कमी पूरी कर ली गई है और 44,000 स्कूलों में भी शौचालय की सुविधा उपलब्ध हो गई है। पिछले 5 वर्षों में उच्च शिक्षा संस्थान तथा तकनीकी मेडिकल सीटों की संख्या दुगनी हो गई है क्योंकि गुजरात को इन उच्च शिक्षा सुविधाओं से वंचित रखा गया था। विश्वविद्यालयों की संख्या 7 से बढ़कर 17 हो गई है, जिसमें प्राइवेट भागीदारी भी शामिल है, जैसे अंबानी, निरमा आदि।

कन्या केलावाड़ी निधि का निर्माण मुख्यमंत्री द्वारा प्राप्त उपहारों की नीलामी से किया गया है तथा 1000 रुपये के विद्यालक्ष्मी बंधपत्र प्रत्येक सरकारी विद्यार्थी को प्रवेश के समय दिए जाते हैं। गांव में पढ़ने वाली कन्याओं को स्कूल के लिए निःशुल्क बस सेवा उपलब्ध कराई जाती है। बेरोजगारों को निःशुल्क कंप्यूटर प्रशिक्षण दिया जाता है और युवाओं को भी अंग्रेजी का प्रशिक्षण दिया जाता है। बड़ी संख्या में उच्च शिक्षा संस्थाएं स्थापित की गई हैं। नेशनल लॉ स्कूल तथा 19 विश्वस्तरीय पाठ्यक्रम शुरू किए गए हैं जिनमें दूरसंचार, मेरीन इंजीनियरिंग आदि शामिल हैं।

निवेश के मोर्चे पर सबसे आगे

औद्योगिक मोर्चों पर 2003, 2005 तथा 2007 में तीन शिखर बैठकें हुई थीं जिनमें गुजरात में 20 लाख लोगों को रोजगार देने के लिए 6,66,000 करोड़ रुपये के निवेश के लिए 666 सहमति पत्रों पर हस्ताक्षर किए गए थे व 2 लाख करोड़ के एक निवेश प्रस्ताव पर भी हस्ताक्षर किए गए थे। भारतीय रिजर्व बैंक की घोषणा के अनुसार, सभी राज्यों में से 2006-07 में निवेश के मामले में

गुजरात का प्रथम स्थान रहा, जहां कुल निवेश का 25 प्रतिशत निवेश हुआ। गुजरात में औद्योगिक अशांति के कारण कार्य दिनों की क्षति के रूप में सबसे कम 0.9 प्रतिशत थी, जबकि इसकी तुलना में राष्ट्रीय औसत 5.25 प्रतिशत है।

गुजरात के 40 लघु और मध्यम दर्जे के बंदरगाह निर्यात-आयात माल का 104 मिलियन टन कार्गो संभालते हैं, जो पूरे भारत का 74 प्रतिशत भाग बनता है। 2003 में श्री अटल बिहारी वाजपेयी ने सबसे बड़े राजमार्ग अहमदाबाद-बड़ोदरा का उद्घाटन किया था। गुजरात के अधिकांश पी.एस.यू. की हानि अब उलट गई है और इनमें विशाल लाभ हो रहा है। गुजरात 132/200 फीट रिंग रोड फ्लाई ओवर, ऑप्टिकल फाइबर में भी तेजी से प्रगति कर रहा है जिससे वह विश्व तथा अन्य कई क्षेत्रों में दूसरे नंबर पर आने वाला राज्य बन गया है।

सर्वोत्कृष्ट शहरी योजना

साबरमती रिवर फ्रंट प्रोजेक्ट को सर्वोत्कृष्ट शहरी डिजाइन अवार्ड प्रधानमंत्री के हाथों प्राप्त हुआ था। अहमदाबाद में बी.आर.टी.एस. परियोजना पर काम चल रहा है। ए.एस.एम.सी. में स्लम अपग्रेडेशन प्रोग्राम को संयुक्त राष्ट्र संघ से अंतर्राष्ट्रीय अवार्ड मिला। अब गुजरात में मल्टीप्लेक्स, सुपर मॉल और 15 फाइव स्टार होटलों की बाढ़ आ गई है।

अपवंचितों का विकास

किसानों, गरीबों और अपवंचित लोगों के लिए उन्हें अनाज, मकान, शिक्षा, स्वास्थ्य तथा रोजगार देने के लिए बहुत सारे उपाय किए गए हैं। उन सभी का यहां वर्णन करना संभव नहीं है, परंतु हाल में मुख्यमंत्री ने 185 लाख लोगों के लिए 39000 करोड़ रुपये के तीन मेगा पैकेज समर्पित किए थे, जो 11वीं योजना में कुल 37 प्रतिशत जनसंख्या के लिए इस प्रकार हैं-

1. 60 लाख सागरखेडू (मछुवारे, खारवा, अगावियास आदि) के लिए 11000 करोड़ रुपये का पैकेज।
2. 75 लाख वन बंधुओं (आदिवासी) के लिए 15000 करोड़ रुपये का पैकेज।
3. 50 लाख शहरी गरीबों के लिए 13000 करोड़ रुपये।

   गुजरात पहला राज्य है जिसने अपवंचित तथा गरीबों के लिए इतने समन्वित रूप से उपाय किए हैं।

क्षेत्रीय असंतुलन की समाप्ति

गुजरात ने एक लाख करोड़ रुपये से अधिक की 11वीं योजना को 11 प्रतिशत विकास दर के साथ स्वीकार किया। योजना आयोग ने गुजरात के लिए 11 प्रतिशत विकास दर निश्चित की, जो अन्य राज्यों से कहीं अधिक है, जबकि भारत की विकास दर 9 प्रतिशत निश्चित हुई है। गुजरात ने फिर से इसे स्वीकार किया। गुजरात ने अपने राज्य से क्षेत्रीय असंतुलन समाप्त करने की एक और चुनौती भी स्वीकार की। इसके लिए विशेष रूप से 30 पिछड़े जिलों के लिए उपाय किए गए हैं।

विवेकपूर्ण वित्तीय प्रबंधन

गुजरात का वित्तीय प्रबंधन देश में सर्वोत्कृष्ट है। पिछले तीन वर्षों में इसका राजस्व अधिक रहा, जबकि पिछले 5 वर्षों से कोई टैक्स बढ़ाया नहीं गया, बल्कि 1200 करोड़ रुपये की रियायतें दी गईं, स्टांप ड्यूटी 15 प्रतिशत से घटाकर 5 प्रतिशत की गई। वैट की दर 27 प्रतिशत रखकर शुरुआत की गई। ऑक्ट्राय शुल्क समाप्त कर दिया गया। वित्तीय संस्थानों के ऋण से 2000 करोड़ रुपये ब्याज की बचत की गई, कच्चे तेल की रॉयल्टी बढ़ाकर प्रति वर्ष 350 करोड़ रुपये की गई और कोयले की कीमत को घटाकर 125 करोड़ रुपये किया गया। ये सभी कदम गुजरात ने विवेकपूर्ण ढंग से उठाए हैं। यही देश का एकमात्र राज्य है जिसने राजस्व अधिशेष, वित्तीय घाटे, सार्वजनिक ऋण और गारंटी जैसे सभी लक्ष्य प्राप्त किए हैं।

नेतृत्व

ये तथ्य स्वयं अपनी कहानी कह रहे हैं कि गुजरात ने नवीन खोजें तथा पहल करके अपने विकास की रणनीति तैयार की और इस प्रकार गुजरात ने राज्य की प्रगति तथा लोगों के कल्याण के लिए लाभकारी परिणाम प्राप्त किए।

ये आंकड़े तथा जमीनी हकीकत दर्शाती है कि मुख्यमंत्री ने लोगों के सपनों को साकार करने का प्रयास किया और आम लोगों का विश्वास जीता है। यही एक ऐसा तथ्य है जिसके कारण उनके नेतृत्व में भा.ज.पा. गुजरात में चुनाव जीत सकी।

नरेन्द्र मोदी की जीत को लेकर मीडिया अपनी तरह से विश्लेषण करने में जुटा हुआ है। राजनीतिक टिप्पणीकार जहां इस जीत को कई नजरों से देख रहे हैं, वहीं पत्रकारों ने अपनी रिपोर्ट में कई प्रकार के तथ्यों का खुलासा करते हुए

इस जीत को अपने रूप में परिभाषित करने का प्रयास किया है। सबसे ज्यादा तो इलेक्ट्रॉनिक मीडिया का रूप देखने को मिला। कई चैनल ऐसे रहे, जो मोदी को दोषी करार देने में पीछे नहीं हटे, लेकिन जीत के बाद सबकी धुनें बदल गईं। मोदी के विकास कार्यों का हवाला दिया जाने लगा। अलग-अलग तरीके से रिपोर्ट मीडिया में आने लगीं। कांग्रेस का पलड़ा जहां चुनावों से पहले भारी बताया जा रहा था, कांग्रेस अध्यक्ष सोनिया गांधी और युवा महासचिव राहुल गांधी को महिमामंडित किया जा रहा था, वहीं चुनाव के बाद कांग्रेस की हार के कारणों की समीक्षा की जाने लगी।

वरिष्ठ स्तंभकार चंद्रमोहन ने **'मोदी क्यों जीते कांग्रेस क्यों हारी'** शीर्षक से टिप्पणी करते हुए लिखा है कि गुजरात चुनावों के बाद कांग्रेसियों की नजरें झुकी हुई हैं, चेहरे लटके हुए हैं। अब नेतृत्व को न केवल यह देखना है कि गुजरात में वे क्यों हारे, बल्कि आक्रामक भा.ज.पा. तथा बेचैन सहयोगियों से भी निबटना है। वामदल अभी से अल्टीमेटम दे रहे हैं। मायावती और परेशान कर सकती हैं। आखिर कांग्रेस लगातार हारती जा रही है। गुजरात से पहले बिहार, झारखंड, उत्तराखंड, उत्तर प्रदेश, पंजाब सभी जगह कांग्रेस पराजित हो चुकी है। किसी भी गठबंधन को सत्ता की गोंद जोड़े रख सकती है। अगर यह प्रभाव फैल जाए कि गठबंधन की सबसे बड़ी पार्टी ही कमजोर पड़ रही है तो मौसमी पक्षी उड़ान भर सकते हैं। 2004 के लोकसभा चुनाव के बाद कांग्रेस का भविष्य उज्ज्वल नजर आ रहा था, लेकिन प्रदेशों में लगातार धक्कों के बाद पार्टी दबाव में आ गई है। जल्द चुनाव की संभावना खत्म हो गई है, लेकिन सवाल है कि क्या कांग्रेस 2009 में मुकाबले की स्थिति में भी होगी।

कांग्रेस पार्टी के लिए चिंता का सबसे बड़ा विषय है कि सोनिया गांधी का जादू नहीं चल रहा, युवराज राहुल की तो शुरुआत ही नहीं हो रही है। हार का एक कारण यह भी बताया जा रहा है कि पार्टी के पास बराबर का नेता नहीं था, जो नरेन्द्र मोदी के करिश्मे, उनके भाषण द्वारा प्रभावित करने तथा भावनाओं का इस्तेमाल कर लोगों को आकर्षित करने की क्षमता का मुकाबला कर सकता हो। कहा जा रहा है कि भा.ज.पा. के बागियों पर अत्यधिक भरोसा करना भी गलत साबित हुआ है, लेकिन असली कारण जिसके बारे में कांग्रेस के नेता मुंह खोलने को तैयार नहीं हैं, यह है कि गुजरात में पार्टी अध्यक्ष का नेतृत्व फेल हो गया। वह उस व्यक्ति को हरा नहीं सकी जिससे पार्टी सबसे अधिक नफरत करती है।

गुजरात के नरेन्द्र मोदी का मुकाबला करने के लिए खुद सोनिया गांधी उतरी थी। यहां तक कि मोदी को 'मौत का सौदागर' भी कह दिया, लेकिन मोदी इस एक टिप्पणी को अपने पक्ष में मोड़ने में सफल रहे। सोनिया गांधी सारे देश में अपना यह प्रभाव दर्शाना चाहती थी कि 'सांप्रदायिक शक्तियों' से केवल वह ही लड़ सकती हैं इसलिए उन्होंने इतना तीखा अभियान चलाया। अब कहा जा रहा है कि कांग्रेस अध्यक्ष को 'गलत गाइड' किया गया। जिन लोगों ने 'गलत गाइड' किया, उन्हें बलि का बकरा बनाकर पार्टी अपनी अध्यक्ष की छवि को बचाने की कोशिश करेगी, लेकिन असफलता तो पार्टी अध्यक्ष की है। सोनिया गांधी की गलती रही कि उन्होंने चुनाव को सोनिया बनाम मोदी बना दिया। इसमें वह मात खा गई। पार्टी को अब मंथन करना चाहिए कि जनता से उसका रिश्ता क्यों टूट रहा है। नीतियों में कहां गलती है। अगर देश के प्रधानमंत्री को केवल मुसलमानों की चिंता रहेगी और वे ऐसे लापरवाह बयान देंगे कि देश के साधनों पर मुसलमानों का पहला अधिकार है तो प्रतिक्रिया तो होगी ही। यह पहली सरकार है जो खुलेआम आर्थिक साधनों का संप्रदायीकरण करना चाहती है। यह जुर्रत महंगी पड़ रही है।

गुजरात में भारी जीत पर भा.ज.पा. के प्रवक्ता का कहना था कि 'टीम भा.ज.पा. की जीत हुई है और मैन ऑफ द मैच नरेन्द्र मोदी हैं', यह बात सही नहीं है। गुजरात में भा.ज.पा. ने जो चौका मारा है, इसका अर्थ केवल यह है कि 'मैन ऑफ द मैच' तो नरेन्द्र मोदी हैं ही, 'टीम' भी नरेन्द्र मोदी ही हैं। बाकी कोई नहीं। शत्रुघ्न सिन्हा, हेमामालिनी, शाहनवाज़ हुसैन सबको कह दिया कि मत आइए, जरूरत नहीं है। अटल बिहारी वाजपेयी की लिखित अपील की दुर्गति की गई। आखिर मोदी कैसे भूल सकते हैं कि अटल जी ने राजधर्म निभाने की नसीहत दी थी। केवल नरेन्द्र मोदी और थोड़ा बहुत लालकृष्ण आडवाणी और बैंक ऑफिस में अरुण जेटली, बाकी कोई नहीं। जहां भा.ज.पा. की तथाकथित 'टीम' का सवाल है, केशुभाई पटेल तथा काशीराम राणा को कारण बताओ नोटिस जारी हो चुके हैं। गुजरात से भा.ज.पा. के दो सांसद बल्लभभाई कथीरिया तथा सोमाभाई पटेल को अनुशासनहीनता के कारण पार्टी से निलंबित कर दिया गया है अर्थात् मोदी भा.ज.पा. की तथाकथित टीम के सहयोग के बिना और कुछ जगह तो उनके बावजूद जीतने में सफल रहे हैं। पुरानी 'टीम' का तो काम तमाम कर दिया गया और यह वह चुनाव था, जहां संघ परिवार उस तरफ खड़ा था जिस तरफ सोनिया गांधी थी। नरेन्द्र मोदी पहले

भाजपा नेता हैं जिन्होंने संघ के नेतृत्व को नकारकर जीत हासिल की। इसके अपने अलग परिणाम निकलेंगे, लेकिन यह बाद की बात है।

बुनियादी तौर पर यह एक व्यक्ति की जीत थी। इंदिरा गांधी की तरह नरेन्द्र मोदी ने ही चुनाव का एजेन्डा तय किया। खुद चुनाव लड़ा और जीत गए। किसी की मदद की उन्हें जरूरत नहीं थी। विश्व हिन्दू परिषद्, बजरंग दल तथा साधु मंडली सब उनके खिलाफ थे। अपने हाईकमान को उन्होंने अप्रासंगिक कर दिया और नागपुर की उन्होंने परवाह नहीं की। केवल 'वन मैन शो' था। राजनाथ सिंह जिन्होंने मोदी को पार्टी के संसदीय बोर्ड से हटा दिया था, लाख कहें कि यह पार्टी की विचारधारा की जीत है, सच्चाई है कि मोदी को किसी की जरूरत नहीं थी। न हाईकमान की, न केसरिया ब्रिगेड की, वे खुद ही काफी हैं।

नरेन्द्र मोदी क्यों जीते? उनकी ईमानदारी तथा काम करने की क्षमता का मुकाबला नहीं, लेकिन विकास तो चंद्रबाबू नायडू ने भी बहुत किया था, पर उन्हें वोटर ने ठुकरा दिया। मोदी की जीत का असली कारण विकास तथा हिन्दुत्व का सफल मिश्रण है, जिसे अब 'मोदित्व' कहा जा रहा है, जो केवल नरेन्द्र मोदी ही परोस सकते थे। गुजरात में 'हिन्दुत्व' से भी अधिक 'मोदित्व' की जीत थी। मोदी खुद को गुजरात की अस्मिता का प्रतीक बताने में सफल रहे, लेकिन उनकी राजनीति मोदी को गुजरात में सीमित भी करती है। जिस प्रकार मायावती के लिए उत्तर प्रदेश की सफलता बाकी देश में दोहराना मुश्किल होगा, उसी तरह नरेन्द्र मोदी को देश-भर में मोदित्व को दोहराना आसान नहीं होगा। वे गुजराती अस्मिता के प्रतीक हैं, भारतीय अस्मिता के नहीं। यह देश बहुत पेचीदा है, जरूरी नहीं कि जो फार्मूला गुजरात में सफल हुआ है, वह बाकी देशों में भी सफल रहेगा।

कांग्रेस को आत्म-विश्लेषण करना चाहिए कि वह इतने वर्षों के बाद भी मोदी को क्यों उखाड़ नहीं सकी? जब मोदी कहते हैं कि देश में आतंकवाद में 5000 लोग मारे गए, गुजरात में केवल एक मौत हुई तो गुजरात की जनता प्रभावित होती है। जब मोदी केन्द्रीय सरकार द्वारा 11वीं योजना में मुसलमानों के लिए 15 प्रतिशत साधन रखने के प्रधानमंत्री के प्रस्ताव का तीखा विरोध करते हैं और इसे 'तुष्टीकरण' का एक और उदाहरण कहते हैं तो सारा देश प्रभावित होता है। कांग्रेस खुद सांप्रदायिक नीतियां अपना रही है इसलिए वह दूसरे पर दोष नहीं लगा सकती। शाहबानो मामले के बाद कांग्रेस लगातार ऐसी गलती करती नजर आ रही है।

लेकिन कांग्रेस के लिए सब कुछ खत्म नहीं हुआ। आने वाले महीनों में भा.ज.पा. शासित छत्तीसगढ़, मध्य प्रदेश तथा राजस्थान जैसे बड़े प्रदेशों में चुनाव होने जा रहे हैं। यहां 'मोदित्व' नहीं चलेगा और न ही भा.ज.पा. को शासन विरोधी भावना का सामना करना पड़ेगा। विशेष तौर पर मध्य प्रदेश में भा.ज.पा. अपना भट्ठा बिठाने में सफल रही है। मुख्यमंत्री पर भ्रष्टाचार के गंभीर आरोप हैं और उमा भारती जैसी लोकप्रिय नेता को बाहर कर दिया गया है। यहां कांग्रेस के लिए माफिक स्थिति बन सकती है। शर्त यह है कि पार्टी फायदा उठाने की स्थिति में हो। मोदी की जीत से मंथन शुरू हो गया है। लालकृष्ण आडवाणी के नेतृत्व में भा.ज.पा. वापस हिन्दुत्व पर लौट सकती है जिसने उसे 2 से 182 सीटों पर पहुंचाया था। 'तुष्टीकरण' को उठाकर मोदी पीछे की तरफ मुड़ रहे हैं और अपनी पार्टी का भावी कार्यक्रम तय कर रहे हैं।

संघर्ष का साथी

कहते हैं प्रतिभा जन्मजात होती है और पूत के पांव पालने में ही दिखाई पड़ने लगते हैं। ऐसा ही कुछ हो रहा है गुजरात के मुख्यमंत्री नरेन्द्र दामोदर दास मोदी के साथ। बचपन से लेकर जवानी तक अपने करिश्माई कारनामों के बीच मोदी ने जिस प्रकार का नेतृत्व गुजरात की जनता को दिया है, उसे आने वाली कई पीढ़ियों तक नहीं भुलाया जा सकता है। आज वे केवल मुख्यमंत्री ही नहीं हैं, बल्कि एक मुख्यमंत्री से ज्यादा एक बेहतर इंसान हैं और इसी इंसानियत की राह पर चल रहे हैं। आज भले ही उन्हें गोधरा कांड का दोषी माना जाए या फिर तमाम तरह के विवादों के लिए दोषी ठहराया जाए, लेकिन उनका सादा जीवन और उच्च विचार का फार्मूला आज भी उनके जीवन में देखा जा सकता है। बचपन में वाडनगर की गलियों से होते हुए अहमदाबाद में आजीविका के लिए संघर्ष करते देखे गए। इस शख्स के बारे में क्या किसी को पता था कि वह शख्स जो आज किसी को चाय पिला रहा है, कल वही गुजरात का नेतृत्व करेगा। दीन-दुखियों की सेवा करके और एक सच्चे सैनिक की तरह उन्होंने यह सफर तय किया। उनके जीवन के एक पक्ष को लेकर बखूबी देखते हैं कि गोधरा जैसा कांड मोदी की देन है, लेकिन जीवन का दूसरा पक्ष जो मोदी के व्यक्तित्व से जुड़ा है, मोदी के जीवन से जुड़ा है उसे कोई नहीं देखना चाहता, क्योंकि आज लोग उसी पर भरोसा करते हैं जो लिखा और देखा है। जिन्होने मोदी को नजदीक से देखा है, वे लोग बताते हैं, 'मोदी हमेशा अपने से बड़ों का आदर करने वाला, अपने से छोटों को सम्मान देने वाला और अपनी उम्र के लोगों को गले लगाने वाला शख्स है। घमंड नाम की चीज तो कभी रही नहीं।' आज भले ही लोग उन्हें अक्खड़मिजाजी कहें या फिर घमंडी कहें, लेकिन यह सच है कि मोदी के व्यक्तित्व का दूसरा पहलू यह है कि वह एक मिलनसार व्यक्तित्व के धनी और हमेशा अपनों के बीच रहने वाले शख्स हैं।

तीसरी बार मुख्यमंत्री बनने का श्रेय पाने वाले नरेन्द्र मोदी का जीवन संघर्षों से भरा रहा और उन्होंने अपने जीवन को जिस प्रकार के दुर्लभ संघर्ष से इस मुकाम तक पहुंचाया, उसी संघर्ष को अपनी अभिव्यक्ति के तौर पर वे देखते रहे। जीवन में उतार-चढ़ाव तो सभी के आते हैं, नरेन्द्र मोदी के जीवन में भी उतार-चढ़ाव आए, लेकिन वे उससे कभी विचलित नहीं हुए। उन्होंने हमेशा इस तरह से जीवन को देखा जैसे कोई सपना नहीं बल्कि हकीकत है। वे हमेशा सपने को साकार करने की सोचते रहे और अपने लक्ष्य को उसी प्रकार पूरा किया। नरेन्द्र मोदी के जीवन की न जाने कितनी ऐसी मिसालें हैं, जो उन्हें इस मुकाम तक ले जाने में सफल रहीं। नरेन्द्र मोदी जहां भी रहे, अपने अलग व्यक्तित्व के कारण लोगों का आकर्षण बनकर रहे।

17 सितम्बर, 1950 को उत्तरी गुजरात के मेहसाणा जिले के वाडनगर में एक निर्धन परिवार में जन्मे नरेन्द्र दामोदर दास मोदी के अलावा परिवार में चार भाई और एक बहन हैं। मोदी की बहन का नाम वसंतीबेन है, जबकि भाइयों के नाम सोमभाई, अमृतभाई, प्रह्लाद भाई और पंकज भाई। घांची समुदाय के मोदी का बचपन बड़े ही अभावों में बीता। मोदी को बचपन से जानने वाले लोग बताते हैं कि मोदी अपने सभी भाइयों से बिल्कुल अलग थे। वे अपने-आपको इस तरीके से रखते थे कि कहीं से यह न लगे कि उन्हें किसी चीज का अभाव है। यह सच है कि अभावों में जीने के बाद परिवार के ऊपर वे किसी तरह का बोझ नहीं बने, बल्कि उन अभावों को लेकर वे खुद ऐसा कुछ करना चाहते थे जिसके बल पर आगे बढ़ें। उनके व्यक्तित्व की यह खासियत रही कि उन्होंने उन अभावों को अपने निजी जीवन पर कभी हावी होने नहीं दिया। जो उन्हें बचपन में मिला, वह अभाव आर्थिक, सामाजिक था, लेकिन अपने काम को काम समझकर करने वाले मोदी स्कूली दिनों से अपनी अलग पहचान बनाने में जुट गए थे। उनके बचपन के बारे में लोग बताते हैं कि वे बड़े ही स्वाभिमानी किस्म के थे। इस स्वाभिमान में उनका कोई निजी स्वार्थ नहीं छिपा था, बल्कि उनके काम में एक प्रकार से यह था कि समाज का हित हो रहा है या नहीं। अपने लिए उन्हें कुछ नहीं चाहिए, बल्कि दूसरे को रोटी, कपड़ा और मकान देने के लिए चाहिए। इसी सोच ने उन्हें हमेशा प्रेरित किया। बचपन के सहपाठियों के बीच मोदी इसी कारण लोकप्रिय थे कि वह अपने बारे में तो कुछ सोचता ही नहीं। मोदी की सोच थी कि खाने को दो वक्त की रोटी तो मिल ही जाएगी, लेकिन पूरे समाज को खाने के लिए दो वक्त की रोटी

देने के लिए विकास चाहिए। इसी विकास के संकल्प को वे बचपन से ही अपने मन में संजोए हुए थे।

शुरू से ही दृढ़ इच्छाशक्ति रखने वाले मोदी वाडनगर रेलवे स्टेशन पर चाय बेचने का काम करते थे। चाय बेचना कोई मजबूरी नहीं थी, लेकिन उनके द्वारा किए जा रहे आर्थिक साधनों का हिस्सा था। इसलिए कोई हिचकिचाहट नहीं थी। वे कहते भी हैं कि काम कोई छोटा या बड़ा नहीं होता है। वह काम तो मेरी आजीविका से जुड़ा है और आजीविका के लिए चाय बेचना कोई छोटा काम नहीं है, लेकिन इस काम के पीछे उनकी सोच थी। वह पढ़ाई भी करते थे और सपने भी देखते थे। उन सपनों को साकार करने के लिए ताना-बाना भी बुनते थे। वाडनगर में मोदी को जानने वाले लोग बताते हैं कि मोदी अपना काम पूरी ईमानदारी से करते हुए आगे बढ़ने के सपने देखा करते थे। जिस काम को ठान लेते थे, उस काम को पूरा करके ही दम लेते थे। काम कितना ही कठिन क्यों न हो? वाडनगर में ही स्कूल में दाखिला लेकर मोदी ने अपने व्यावसायिक जीवन का काम किया। स्कूल के सहपाठी जब उन्हें यह कहते थे कि अरे ये तो चाय बेचने वाला है, तब मोदी के चेहरे पर किसी प्रकार की शिकन नहीं होती थी। वे सहपाठियों से कहते थे कि चाय ही तो बेच रहा हूं, कोई चोरी तो नहीं कर रहा हूं। वे सहपाठियों को पढ़ाया करते थे कि हमेशा विकास के लिए सोचो, चाहे वह अपना खुद का विकास हो, समाज का विकास हो देश का विकास हो। तभी तुम जीवन में आगे बढ़ सकते हो। मोदी की यह सोच सहपाठियों को नेतृत्वकर्ता के रूप में दिखती थी कि मोदी के अंदर कुछ अलग कर दिखाने की प्रवृत्ति है और वे कुछ अलग करना चाहते हैं। बचपन से ही वे सामाजिक सोच को महत्त्व देते रहे। भारत-पाक युद्ध के समय घायल सैनिकों की सेवा के लिए मोदी वाडनगर रेलवे स्टेशन पर रात-दिन काम करते थे और इंतजार करते थे कि कब घायल सिपाहियों को लेकर ट्रेन आ रही है, ताकि वे उनके लिए जो भी हो पाए, वह सेवा कर सके। यहां तक कि निःशुल्क चाय पिलाने के अलावा उनके खाने का भी जितना प्रबंध हो पाता था, वे करते थे। इसी प्रकार उन्होंने बाढ़ प्रभावित इलाकों में भी जाकर जरूरतमंदों की सेवा की, जो उनके जीवन के अनूठे व्यक्तित्व को बताता था। संसाधन नहीं होने के बावजूद भी वे लोगों के लिए काम करना चाहते थे। बचपन के इन्हीं कामों ने उन्हें और दृढ़निश्चयी बनाया और काम के लिए प्रेरित किया।

राजनीति शास्त्र में एम.ए. मोदी के अंदर नेतृत्व की क्षमता स्कूली दिनों से ही बलवती होती नजर आई जब वे स्कूल के सहपाठियों के बीच नेतृत्व के लिए जाने जाने लगे। हमेशा उनके सहपाठी उन्हें नरेन्द्र भाई के नाम से बुलाते और कोई भी काम होता था तो नरेन्द्र भाई को आगे कर देते थे। नरेन्द्र भाई किसी भी काम में पीछे नहीं रहे। जहां उन्हें लगा कि उनकी जरूरत है, वे उस काम को अंजाम देने में जुट जाते थे। राजनीतिशास्त्र के छात्र होने के नाते मोदी को नेतृत्व करने में मजा आने लगा था। वे राजनीति की बारीकियों को भी धीरे-धीरे समझ रहे थे। जहां उन्हें लग रहा था कि वे कुशल नेतृत्वकर्ता हो सकते हैं, वहीं देश की राजनीति में किस प्रकार के बदलाव आ रहे थे, उसके प्रति भी अपनी सोच पैदा करते जा रहे थे। वे लगातार अध्ययन कर यह जानना चाह रहे थे कि देश की जनता क्या सोचती है। उनके सहपाठी बताते हैं कि मोदी हमेशा लोगों को प्रेरणादायी बनाते रहे। तात्पर्य सीधा-सा है कि प्रेरणादायी बनाने वाला ही प्रेरणा का स्रोत हो सकता है। जो दूसरों के लिए सोचता है, वही विकास के रास्ते पर जा सकता है। मोदी ने अपने अतीत में इतना कुछ देख लिया था कि वे सिर्फ आगे बढ़ने के सिवाय कुछ सोच नहीं सकते थे। सहपाठियों के बीच एक नेतृत्वकर्ता के तौर पर उभर चुके मोदी सिर्फ-और-सिर्फ सभी को आगे बढते देखना चाहते थे। समाज को विकसित देखना चाहते थे, लेकिन संसाधन नहीं थे। इसलिए वे भाषण रूपी ज्ञान के बीच ही लोगों को संसाधन मुहैया करा रहे थे। छात्र उनकी बात को महत्त्व देते थे क्योंकि वे जो कहते थे, निरर्थक नहीं कहते थे, बल्कि किसी निष्कर्ष पर पहुंचकर ही किसी बात को अंजाम देते थे। उनके बारे में बताया जाता है कि अगर किसी छात्र की कोई समस्या होती थी और मोदी के पास उसका कोई जवाब नहीं होता था तो वे उसे अगले दिन बताने को कहकर उस छात्र की समस्या पर गंभीर चिंतन-मनन करने में जुट जाते थे। जब वे किसी निष्कर्ष पर पहुंच जाते थे, तभी छात्र को उसका निष्कर्ष बताते थे, यानी मोदी अध्ययनशील और चिंतनशील थे। उन्हें इस बात की बखूबी जानकारी थी कि अगर किसी समस्या का निराकरण करना है तो पहले स्वयं संतुष्ट हो जाओ, तभी जाकर दूसरे को संतुष्ट कर सकते हो। वे हमेशा गलत कामों के खिलाफ लड़ने वाले माने जाते थे और आज भी माने जाते हैं। विश्वविद्यालय में उच्च शिक्षा के दौरान जब उन्हें कोई छात्र कहता था कि उसके साथ गलत हो रहा है तो वे एक सच्चे सिपाही की भांति

उसके साथ खड़े होकर लड़ते थे। जब तक उसके साथ न्याय नहीं हो जाता था, तब तक मोदी का संघर्ष जारी रहता था।

जिस समय मोदी का जन्म हुआ था, उससे कुछ साल ही पहले देश को आजादी मिली थी। आजाद भारत की तस्वीर उनकी आंखों के सामने एक प्रकार का अंधेरा ही लेकर आई थी। देश में विकास के नाम पर कुछ भी नहीं था। वही 19वीं सदी का भारत और वही प्राचीन परंपराओं और रूढ़ियों के बीच जकड़ा समाज। जिस समाज में मोदी ने आंख खोली, उसे देखा और समझा तो उन्हें लगा कि परिवर्तन बेहद जरूरी है। उन्हें लगा कि हम केवल बातों से पेट नहीं भर सकते हैं, बल्कि इन बातों को प्रायोगिक धरातल पर लाना जरूरी है। तभी जाकर हम विकास की बात सोच सकते हैं। भारत-पाक युद्ध के समय सैनिकों की सेवा का मामला हो या फिर गुजरात में बाढ़ पीड़ितों की सेवा करना। मोदी ने हर काम को बखूबी निभाया। उन्हें कोई काम छोटा या बड़ा नहीं लगा, बल्कि सेवा को अपना धर्म समझते रहे। चुनौतियों को स्वीकार करना मोदी की फितरत रही है। वे चुनौती को बड़ी की गंभीरता से लेते हैं और उस चुनौती से निबटने के लिए पूरा दम लगा देते हैं।

2007 का चुनाव मोदी की चुनौती का सबसे बड़ा उदाहरण है। जब मोदी ने जीवन की हर जंग जीतते हुए इस जंग को भी जीतने के लिए चुनौती को स्वीकार किया। उनमें नेतृत्व क्षमता छात्र जीवन से ही दिखने लगी थी, जब वे अखिल भारतीय विद्यार्थी परिषद के नेता के रूप में उभरे। श्री मोदी का सार्वजनिक जीवन तब शुरू हुआ, जब वे राष्ट्रीय स्वयं सेवक संघ के प्रचारक के रूप में जुड़े और 1972 में संघ के प्रचारक के रूप में उन्हें हिमाचल प्रदेश के कांगड़ा भेजा गया। उस समय नरेन्द्र भाई के अंदर ऐसी कोई लालसा नहीं थी कि वे राजनीति करेंगे या फिर कोई पद चाहिए। बिना किसी पद की लालसा लिए नरेन्द्र मोदी एक प्रचारक के तौर पर संघ के उद्देश्यों का प्रचार करने में जुट गए। स्कूल से लेकर विद्यालय तक में घूम-घूमकर नरेन्द्र मोदी संघ के विचारों को छात्रों के बीच पहुंचा रहे थे। इससे उनके अंदर वैचारिक क्षमता बढ़ती जा रही थी। थोड़े ही दिनों में मोदी की गिनती संघ के उन प्रचारकों में होने लगी, जो अपने काम के बल पर आगे बढ़ रहे थे। 1974 में जब भ्रष्टाचार के विरोध में नवनिर्माण आंदोलन की शुरुआत हुई, उस समय नरेन्द्र मोदी पूरी तन्मयता के साथ भ्रष्टाचार के विरोध में खड़े हुए और आंदोलन को तेज करने में अपनी महती भूमिका निभाई। गुजरात में शुरू हुए इस आंदोलन में आई तेजी

से नरेन्द्र मोदी का नाम तेजी से उछला और वह संघ के वरिष्ठ प्रचारकों की नजर में आ गए। नरेन्द्र मोदी अपने काम को धीरे-धीरे और गंभीरता के साथ आगे बढ़ा रहे थे।

उसी समय देश में केन्द्र सरकार के विरोध में एक ऐसी लहर चल रही थी जिसका विरोध पूरे देश में चल रहा था। गुजरात भी उससे अछूता नहीं था। तभी पता चला कि देश में आपातकाल लग गया है। मोदी भी आपातकाल के विरुद्ध भूमिगत संघर्ष करने में जुट गए। उनके संघर्ष की दास्तां को कहती एक पुस्तक 'आपातकाल में गुजरात' जिसे नरेन्द्र मोदी ने स्वयं लिखा है, काफी चर्चित रही। पुस्तक में मोदी ने गुजरात की जो स्थिति आपातकाल में रही, उसका लेखा-जोखा प्रस्तुत किया है। पुस्तक में मोदी ने उन बातों का बखूबी वर्णन किया है कि किस प्रकार से उनका और उनके साथियों का जीवन भागते हुए बीता। कहां-कहां नहीं छिपे। 1984 में जब संघ के प्रचारकों को भारतीय जनता पार्टी के अंदर भेजने की प्रक्रिया चल रही थी, उस समय नरेन्द्र मोदी को भी कुछ प्रचारकों में चुना गया और मोदी संघ से भाजपा में आ गए। जो इनके राजनीतिक जीवन की शुरुआत कही जा सकती है। 1988 में मोदी को प्रदेश की भाजपा इकाई का महासचिव चुना गया और उन्होंने सक्रिय रहते हुए लालकृष्ण आडवाणी की सोमनाथ से अयोध्या यात्रा और कन्याकुमारी से कश्मीर तक की डॉ. मुरली मनोहर जोशी की एकता यात्रा को सफल बनाने में पूर्ण योगदान दिया। इस यात्रा के बाद मोदी राजनीतिक रूप से पूरी तरह सक्रिय हो चुके थे। मोदी की सक्रियता को देखते हुए लालकृष्ण आडवाणी ने मोदी को राज्य के विधानसभा चुनावों में प्रचारक के तौर पर प्रयोग करने का मन बनाया और यह प्रयोग सफल भी रहा। मोदी सक्रिय राजनीति में आ चुके थे और उनकी सक्रियता से प्रदेश भाजपा इकाई को लगातार सफलताएं मिलनी शुरू हो गई थीं। 1995 में उन्हें गुजरात में विधानसभा चुनाव का प्रचार प्रभारी बनाया गया। इस चुनाव में राज्य में भाजपा की जीत हुई और मोदी को पार्टी का राष्ट्रीय महासचिव बना दिया गया।

7 अक्टूबर, 2001 को केशुभाई पटेल की जगह मोदी को गुजरात का मुख्यमंत्री बनाया गया। दिसम्बर, 2002 में गुजरात में विधानसभा चुनाव हुए और मोदी के नेतृत्व में भाजपा को भारी जीत मिली। 22 दिसम्बर, 2002 को उन्होंने दूसरी बार प्रदेश के मुख्यमंत्री पद की शपथ ली। दिसंबर, 2007 में विधानसभा चुनाव में मोदी के नेतृत्व में भाजपा को फिर जीत मिली और उन्होंने 25 दिसम्बर, 2007 को मुख्यमंत्री पद के रूप में तीसरी बार शपथ ली।

मोदी के जीवन की सबसे बड़ी खासियत यह रही कि वे जहां भी रहे, पूरी ईमानदारी के साथ रहे और अपने काम को हमेशा सही तरीके से करने का प्रयास करते रहे। 1972 में जब वे संघ से जुड़े, तब भी उन्होंने संघ का काम पूरी ईमानदारी से किया और प्रचारक के तौर पर जहां-जहां भेजा गया वहां-वहां गए और प्रचार का काम करते रहे। संघ से भाजपा में आने के बाद भाजपा के कार्यकर्ता की जो भी जिम्मेदारी दी गई, उसका पूर्ण निष्ठा से निर्वहन किया। आज भी वे कहते हैं कि मैं अपनी मां भाजपा से बड़ा नहीं हूं। जब 2007 में विधानसभा चुनाव के परिणाम आ गए और विधायक दल की बैठक हुई तो मोदी ने बड़े ही सहज भाव से कहा कि जो लोग यह कहते हैं कि मोदी पार्टी से बड़े हैं, वे भाजपा और जनसंघ का इतिहास नहीं जानते। पुत्र कभी मां से बड़ा नहीं हो सकता। वे इतना कहते हुए भावुक हो उठे और साफ तौर पर कहा कि यह कहना विकृत मानसिकता है कि मोदी पार्टी से बड़ा है। मोदी कहते हैं कि जनसंघ के दिनों में पार्टी के कई उम्मीदवार ज्यादातर चुनावों में अपनी जमानत खो देते थे। उस समय अनेक समर्पित कार्यकर्ताओं और परिवारों ने पार्टी की सेवा की। मोदी अपनी छवि के बारे में कहते हैं कि मेरी छवि इसलिए बड़ी लगती है क्योंकि आपकी निगाह सीमित है। जो मुझ पर आकर रुकती है। अगर आप अपना फोकस बढ़ा लेंगे तो आप हजारों कार्यकर्ताओं को देख सकेंगे जिन्होंने मुझे कंधों पर उठाया है। मोदी की यह टिप्पणी वास्तव में तारीफ करने योग्य है कि जब तक आपकी सोच का दायरा नहीं बदलेगा, तब तक आप एक ही नजर से देखेंगे।

मोदी ने अपने जीवन के उद्देश्य को संघर्ष के साथ जोड़कर देखा इसलिए वे हमेशा संघर्ष के बारे में सोचते रहे। अपने कार्यकाल के दौरान जिस प्रकार से उनके सामने बड़ी-से-बड़ी समस्याएं आईं और उसका डटकर उन्होंने जिस तरह मुकाबला किया, उसी तरह से उन्होंने लोगों के अधिकार की बात भी कही। वह अधिकार चाहे सामाजिक हो या फिर न्यायिक हो। किसानों का हो या फिर किसानों के संघर्ष की बात रही हो। मोदी ने हर काम को पूरी ईमानदारी से किया। उनका संघर्षशील व्यक्तित्व हमेशा उनके साथ रहा है और रहेगा।

बहुत से मुख्यमंत्री यहां तक कि छोटे-मोटे राजनीतिज्ञ के घर पर भी साथ रहने वालों का एक लंबा अमला होता है और नहीं तो काफी तादाद में लोग उनके आस-पास मंडराते रहते हैं। नरेन्द्र मोदी इसके अपवाद हैं। सुरक्षाकर्मियों के अलावा सिर्फ तीन लोग हैं, जो उनके सरकारी बंगले में रहते हैं- एक उनका

रसोइया और दो चपरासी। नरेन्द्र मोदी को दरबार लगाने का भी शौक नहीं है। यहां तक कि उनके दो सहायक या उन्हें सहयोगी कह लीजिए, ओ.पी. सिंह और तन्मय को भी उनके निवास स्थान पर आने की इजाजत नहीं है।

मोदी से सहमत न होने वाले भी मानते हैं कि वे कामचोर नहीं हैं। सुबह आठ बजे से रात ग्यारह बजे तक वे काम करते हैं और वे यह भी दिखाने में सफल रहे हैं कि कम-से-कम व्यक्तिगत तौर पर वे बेईमान नहीं हैं। वे हमेशा काम करते रहना चाहते हैं और अपने आस-पास के लोगों को नसीहत भी देते हैं कि काम करते रहो, क्योंकि बिना काम किए कुछ भी नहीं होने वाला।

जिज्ञासु प्रवृत्ति के मोदी

मोदी हमेशा जिज्ञासु बने रहे और बने रहना चाहते हैं। नित नए प्रयोग करना उनकी आदत में शुमार है। वे नए प्रयोगों को बड़ी ही चुनौती के साथ लेते हैं और नए प्रयोग करने में जुट जाते हैं। ज्ञान-विज्ञान के नए विषयों में उनकी गहरी रुचि है। इसलिए वे अपनी यात्राओं के दौरान भी इस प्रकार की खोज में लगे रहते हैं कि यहां नया क्या है? वे कहते हैं कि जब तक मनुष्य कुछ नया नहीं प्राप्त करता है, तब तक न तो उसके कहीं जाने का कोई अर्थ है और न ही कोई काम करने की सोच। इसलिए वे नए प्रयोगों को करते रहने में हमेशा प्रयत्नशील रहते हैं। वे अपने पल-पल का उपयोग बेहतरीन काम के लिए करना चाहते हैं। हमेशा समय के सदुपयोग को प्रभावी मानकर वे इस काम में लगे रहते हैं कि नया क्या है? जिज्ञासा ऐसी मन में भरी है कि अगर कभी लगा कि नहीं, यह काम नहीं हो सकता है तो 'उसको कैसे करना है' इस फार्मूले पर ध्यान देते हैं। उनके नजदीकी लोगों का मानना है कि मोदी की डिक्शनरी में 'न' नहीं है, बल्कि उस 'न' का समाधान क्या है, यह हमेशा देखने-खोजने और समझने की कोशिश करते हैं। अपनी निजी जिज्ञासा के चलते उन्हें कई तरह के शोधकर्ताओं और चिंतकों के साथ चिंतन-मनन करते देखा गया है। कब, 'नया क्या करना है' इसके लिए वे हमेशा रणनीति बनाते हैं। ऐसी रणनीति जो देश और समाज के विकास में सहायक हो। आज मोदी को विकास पुरुष अगर कहा जाता है तो इसके पीछे बड़ा कारण यही है कि उनकी सोच ही विकास से शुरू होती है।

लेखक और कवि मोदी

नरेन्द्र मोदी के बारे में बहुत से लोग यही जानते हैं कि वे केवल एक राजनीतिज्ञ हैं, लेकिन सच्चाई यह है कि मोदी केवल राजनीतिज्ञ नहीं हैं। अगर

वे राजनीतिज्ञ नहीं होते तो एक बेहतरीन कवि और लेखक जरूर होते। नरेन्द्र मोदी एक राजनीतिज्ञ होने के साथ-साथ बेहतरीन लेखक और कवि दोनों हैं। उनकी रचनाओं में जो विचार प्रकट होता है, वह बहुत ही कम लेखकों में देखने को मिला है। लोगों के सामने यह भी एक प्रश्न खड़ा होता होगा कि आखिर नरेन्द्र मोदी कब लिखते हैं। जी हां, वे लिखते हैं और उन्होंने करीब एक दर्जन ऐसी पुस्तकें लिखी हैं, जो खूब चर्चा में रहीं। उनकी गुजराती में लिखी कविताएं आज भी लोग पढ़ते हैं और पढ़ना चाहते हैं। अब भले ही वे कम लिख पाते हैं, लेकिन उन्होंने जो कुछ भी लिखा, उसकी चर्चा होती रही। 1972 में जब मोदी राष्ट्रीय स्वयंसेवक संघ से जुड़े, उसके कुछ ही सालों बाद देश में आपातकाल लग गया।। उस समय भूमिगत रहते हुए मोदी ने आपातकाल के हालात को बड़ी नजदीक से देखा और उन दृश्यों को शब्दों में पिरोने का काम किया। मोदी की पहली पुस्तक 'संघर्षमां गुजरात' गुजराती में प्रकाशित हुई जिसकी चहुं ओर सराहना हुई। इसी पुस्तक का हिन्दी संस्करण 'आपातकाल में गुजरात' का प्रकाशन भी हुआ। इसके अलावा मोदी की प्रमुख पुस्तकों में श्री गुरुजी, एक स्वयंसेवक, यथार्थ धर्म, पत्रों में श्री गुरुजी प्रमुख हैं। हाल ही में मोदी द्वारा लिखित पुस्तक 'ज्योतिपुंज' काफी चर्चा में रही, जो मोदी के तीसरी बार मुख्यमंत्री बनने के बाद बाजार में आई है। इस पुस्तक में मोदी के दर्शन की छाप मिलती है। मोदी को अभी और लिखना है, यह कोई उनकी अंतिम कृति नहीं है। यह तो अभी एक झलक है, लेकिन उनके शुभचिंतकों को उम्मीद है कि वे लगातार लिखेंगे और अपने विचारों से देश एवं दुनिया को अवगत कराएंगे। मोदी की कविताओं की चर्चा भी लोग करते हैं। जब भी समय मिलता है, कवि हृदय मोदी लिखने के लिए तत्पर रहते हैं। वह लेखन चाहे गद्य हो या पद्य। आज भी जब उन्हें बुद्धिजीवियों के बीच बैठने का मौका मिलता है तो अपनी कविताओं का पाठ करना नहीं भूलते।

मोदी के जीवन के कई ऐसे पहलू हैं जिनके बारे में केवल मोदी ही जानते हैं और दूसरा कोई नहीं, लेकिन जो भी उनके जीवन की खूबियों के बारे में पता चल पाया है, उसमें मोदी के व्यक्तित्व के कई पक्ष दिखाई पड़ते हैं। मोदी ने अपनी ज्ञान जिज्ञासा को बढ़ाने के लिए दुनिया के कई देशों की यात्राएं कीं और उन देशों से बहुत कुछ सीखा। मोदी रूस, ऑस्ट्रेलिया, जापान, सिंगापुर, स्विट्जरलैंड, ब्रिटेन सहित दो दर्जन देशों की यात्रा कर चुके हैं और हर यात्रा में उन्होंने विकास के मॉडल को समझने को महत्त्व दिया है। प्रधानमंत्री डॉ.

अटल बिहारी वाजपेयी के साथ मोदी रूस यात्रा पर गए तो वहां उन्होंने गुजरात के विकास के लिए कई सारे मॉडल देखे जिसके बारे में उन्होंने वाजपेयी से भी चर्चा की। मोदी ने वाजपेयी से कहा था कि अगर रूस के विकास के कुछ मॉडलों को अपने देश में अपना लिया जाए तो देश का विकास होगा। वाजपेयी जी उस मॉडल को तो नहीं समझ पाए , लेकिन मोदी ने विकास के मॉडल को समझा और गुजरात में प्रयोग भी किया। अन्य देशों की यात्राओं में भी मोदी के सामने विकास की जो योजनाएं दिखाई पड़ीं, उनको मोदी ने गुजरात में दिखाने का भी प्रयास किया।

ए मैन विद ए मिशन

गुजरात विकास का आदर्श है, यह बात वहां की आम जनता नहीं, बल्कि वे लोग कहते हैं जो विकास के वाहक हैं, जिन्होंने विकास को नजदीक से देखा और जाना है। गुजरात नरेन्द्र मोदी के कार्यकाल के बाद क्या बना और पहले क्या था! गुजरात के रहने वाले लोग ही बताते हैं कि नरेन्द्र मोदी के मुख्यमंत्री बनने के बाद गुजरात की तस्वीर बदली है। वह तस्वीर क्या है, किस रूप में है और किस तरह है। मोदी दूरद्रष्टा हैं और उन्होंने जो काम किया, वह केवल तात्कालिक काम नहीं है, बल्कि दूर की संभावनाओं को देखते हुए किया। उनके विकास की गाथा को वहां की सड़कें, वहां के गांव, वहां की वे गलियां कह रही हैं, जो पहले सूनी थी। 2001 में जब वे पहली बार मुख्यमंत्री बने, तब उन्होंने पाया कि सबसे पहला काम गांवों का विकास करना है। जब तक गांव का विकास नहीं होगा, तब तक प्रदेश के विकास की बात बेमानी होगी। उन्होंने गुजरात को आगे ले जाने का ऐसा लक्ष्य रखा कि जब गुजरात अपनी स्थापना की स्वर्ण जयंती मना रहा हो, तब वहां की छटा अलग हो। मोदी कहते भी हैं कि 2010 का गुजरात देखिए, कैसा होगा। गुजरात की तस्वीर ऐसी होगी, जो लोगों के लिए आदर्श हो। दिल्ली की भाजपा की राष्ट्रीय कार्यकारिणी की बैठक में जब मोदी भाषण देने के लिए मंच पर आए तो अचानक बिजली चली गई। मोदी ने चुटकी लेते हुए कहा कि यह दिल्ली है इसलिए बिजली चली गई, अगर गुजरात होता तो शायद ऐसा नहीं होता क्योंकि गुजरात में बिजली नहीं जाती है। मोदी की इस बात से पूरा सभागार तालियों से गूंज पड़ा। मोदी ने विकास का फार्मूला अपनाया और उसको साकार करने का जज्बा दिखाया है। देश-विदेश के कोई भी उद्योगपति गुजरात में निवेश करना चाहते हैं, आखिर क्यों? इसके पीछे सबसे प्रमुख कारण यही है कि वह गुजरात के विकास को समझता है, मोदी के विजन को समझता है, तभी तो वह वहां निवेश की बात सोचता है।

देश की जानी-मानी हस्तियां गुजरात को विकास के आदर्श की संज्ञा देती हैं।

- देश में गुजरात के विकास में लोगों की भागीदारी सर्वश्रेष्ठ है।
  -डॉ. ए.पी.जे. अब्दुल कलाम (पूर्व राष्ट्रपति)
- गुजरात में कृषि क्षेत्र पूरे देश के लिए मार्गदर्शक का काम कर सकता है। -एम.एस. स्वामीनाथन, कृषि विशेषज्ञ
- गुजरात में लोगों के सहयोग से किया गया विकास कार्य प्रशंसनीय है। - मोंटेक सिंह आहलूवालिया, योजना आयोग के उपाध्यक्ष
- 10वीं पंचवर्षीय योजना में ऊर्जा के क्षेत्र में देश के तीन राज्यों ने काम किया जिनमें गुजरात एक है। -पी. चिदंबरम, केन्द्रीय वित्त मंत्री
- गुजरात निवेश के लिए आदर्श है और जो यहां निवेश नहीं करता, वह बेवकूफ है। -रतन टाटा, उद्योगपति
- उत्कृष्ट सड़कों के निर्माण में गुजरात का जवाब नहीं। -विश्व बैंक
- भ्रूण हत्या रोककर समाज सुधार के कार्य में गुजरात ने पूरे देश को रास्ता दिखाया है। -स्वास्थ्य विभाग, भारत सरकार
- गुजरात भारत के आर्थिक मानचित्र को बदलने में सबसे आगे रहा है।
  -के.वी. कामथ, चेयरमैन, आई.सी.आई.सी.आई. बैंक

महात्मा गांधी की धरती गुजरात के विकास के बारे में मोदी की पहली सोच रही थी कि यह धरती जो बरसों से सूनी है, इसे गुलजार किया जाए। यहां ऐसा लक्ष्य रखा जाए कि याद किया जाए। बापू की धरती पर जब तक रामराज्य नहीं होगा, तब तक बापू का सपना साकार नहीं हो सकता। इसी लक्ष्य को ध्यान में रखकर मोदी ने वर्ष 2007 में हिन्दुस्तान टाइम्स लीडरशिप कार्यक्रम में इस बात की ओर इशारा किया कि गांधी का रामराज्य मेरा परम लक्ष्य है।

'गांधी का रामराज्य मेरा परम लक्ष्य है' - नरेन्द्र मोदी

हिन्दुस्तान टाइम्स लीडरशिप कार्यक्रम (12 अक्टूबर, 2007) में गुजरात के मुख्यमंत्री नरेन्द्र मोदी ने अपना विश्वास दोहराते हुए कहा कि मैं महात्मा गांधी के आदर्शों के प्रति गहन श्रद्धा रखता हूं। उन्होंने कहा कि महात्मा गांधी

और रामराज्य का उनका आदर्श मेरे लिए आज भी प्रासंगिक है। श्री मोदी ने रामराज्य की परिकल्पना को आज के युग में आवश्यक बताते हुए इस बात पर बल दिया कि गांधीजी का यह विचार अत्यंत शक्तिशाली दृष्टिकोण था, परंतु दुर्भाग्य से लोगों ने इसका परित्याग कर दिया। जब उनसे रामराज्य की परिकल्पना के लिए कहा गया तो उन्होंने कहा कि गांधीजी के अनुसार इसका मतलब है कि हम राज्य को खुशहाल राज्य बनाएं।

उन्होंने कहा कि मैं गांधीजी के एक ग्राम स्वराज से सहमत हूं जिसके अनुसार ग्राम स्तर के प्रतिनिधियों को सर्वसम्मति से चुना जाना चाहिए क्योंकि चुनावों के कारण हिंसा होती है और मनमुटाव बढ़ता है।

श्री मोदी ने कहा कि गुजरात का मुख्यमंत्री होने के तुरंत बाद ही 1100 ग्रामों के चुनाव होने वाले थे और मैंने एक योजना की घोषणा की थी कि जो भी गांव सर्वसम्मति से अपने नेताओं को चुनेगा, उसे एक लाख रुपये की विकास राशि दी जाएगी।

उन्होंने कहा कि 45 प्रतिशत गांवों ने अपने नेताओं को सर्वसम्मति से चुना।

सत्र के दौरान जब मोदी से पूछा गया कि हिन्दुत्व नायक और वैर भाव नायक जैसे शीर्षकों के प्रति वे किस प्रकार अपनी प्रतिक्रिया व्यक्त करना चाहेंगे तो उन्होंने विनम्र भाव से हाथ जोड़कर कहा कि मैं ऐसी टिप्पणियों का सम्मान ही कर सकता हूँ और आशा करता हूं कि समय गुजरने के साथ ही साथ लोगों को इसकी सच्चाई का ज्ञान स्वयं हो जाएगा।

जब उनसे 2002 के गुजरात दंगों पर खेद व्यक्त करने की बात कही गई तो उन्होंने कहा कि राज्य के लोगों ने मुझे भली-भांति समझ लिया है और मेरे साथ न्याय किया है। लोग मुझे एक बार मौका दे चुके हैं और मुझे एक और मौका देंगे।

जन ही मेरे भगवान हैं और मैं उनके प्रति जवाबदेह हूं। आपको भी गुजरात आने का निमंत्रण देता हूं, आप स्वयं वहां की स्थिति समझ सकते हैं। श्री मोदी ने कहा कि आपको स्वयं फैसला करना होगा कि क्या आप लोगों के जनादेश और इच्छाओं को स्वीकार करना चाहते हैं या फिर आप विगत के साथ ही लटके रहना चाहते हैं?

हिन्दुत्व की आस्था में विश्वास रखते हुए उन्होंने कहा कि हिन्दुत्व एक सर्वव्यापी चिंतन है। उन्होंने आगे कहा कि हिन्दू या हिन्दुत्व एक ऐसा चिंतन है जो इस बात को मानकर चलता है कि सच्चाई की तरफ बढ़ने के कई

अलग-अलग रास्ते हैं, जो असाधारण रूप से वैशिष्टय है। हिन्दुत्व में मान्यता है कि ईश्वर एक है, परंतु आप उसे किस दृष्टि से देखते हैं वह अलग-अलग दृष्टिकोण हो सकते हैं। जब उनसे पूछा गया कि क्या आपकी दृष्टि में भारत में मुस्लिमों की जगह है तो उन्होंने कहा कि 'इजरायल की सरकारी पुस्तक में भारत के बारे में उल्लेख है कि भारत ही एक ऐसा राज्य है जहां यहूदियों पर जुल्म नहीं ढाए गए। जब पारसी गुजरात के तटों पर आए तो भारत के सम्राट ने उनकी यह शर्त मान ली कि किसी भी गैर-ईरानी को उनकी पावन अग्नि के 50 मीटर के अंदर आने की अनुमति नहीं होगी।

मैंने देखा कि आतंकवाद में मजहब का भावनात्मक दुरूपयोग 'मजहब से बढ़कर कुछ नहीं' भाव रखकर किया जाता है जो हिन्दुत्व की विचारधारा के विपरीत है। जब उनसे पूछा गया कि क्या गुजरात में मुस्लिम संप्रदाय अपने को सुरक्षित महसूस करता है तो उन्होंने कहा कि समझ में नहीं आता कि कब लोग इस नकारात्मक भाव से उबरेंगे और पूरे सच को समझेंगे। यदि 18 हजार गांवों में एक दिन में 24 घंटे बिजली मिलती है तो आप उसे 90 प्रतिशत और 10 प्रतिशत में विभाजित नहीं कर सकते। इसी प्रकार नर्मदा से जितना पानी मिलता है वह पूरी साबरमती नदी का होता है, उसके किसी भी एक हिस्से का नहीं।

उन्होंने कहा कि लोकतंत्र में आलोचना स्वागत योग्य होती है परंतु मैं आरोप लगाने के खिलाफ हूं। इस आयोजन में रीजनल प्राइड ओवर नेशनल आइडेन्टिटी पर बोलते हुए उन्होंने कहा कि गुजरात की प्रगति से पूरे देश का ही विकास होता है। क्षेत्रीय पहचान का राष्ट्रीय पहचान से टकराव होना कोई जरूरी नहीं है।

आपातकाल में नरेन्द्र मोदी

नरेन्द्र मोदी ने आपातकाल के दौर को बड़े ही नजदीक से देखा है। 1972 में जब मोदी राष्ट्रीय स्वयं सेवक संघ के प्रचारक के तौर पर जुड़े तो देश में अलग तरह की राजनीतिक स्थितियां थीं। कांग्रेसी शासन से लोग ऊब चुके थे। प्रधानमंत्री इंदिरा गांधी के नेतृत्व को देश में सराहा नहीं जा रहा था। विरोध के स्वर गूंज रहे थे। कांग्रेस के शासनकाल से लोग आजिज हो चुके थे। देश-भर में संघर्ष का बिगुल बज रहा था, लेकिन किसी को इस बात की भनक नही थी कि देश में 'इमरजेन्सी' भी लग सकती है। लेकिन वही हुआ जिसका डर था। 26 जून, 1975 को देश में इमरजेन्सी की घोषणा हो गई। जिसके साथ ही इसका व्यापक विरोध होने लगा। गुजरात में भी दो दिवसीय हड़ताल की घोषणा हुई। नरेन्द्र मोदी भी इमरजेन्सी के हालात से वाकिफ हो चुके थे और वे तब तक संघ में सक्रिय रहते हुए समझ चुके थे कि देश के हालात क्या हैं।

नरेन्द्र मोदी उस समय संघ के गुजरात कार्यालय में थे। आनन-फानन में चारों तरफ यह बात फैल गई कि इमरजेन्सी लग गई है। संदेश प्रसारित होने लगा कि जे.पी. को गिरफ्तार कर लिया गया है। मोरारजी भाई को पकड़ लिया गया है। नानाजी को ढूंढा जा रहा है। संघ के कार्यालय को पुलिस ने घेर लिया है। राजनीतिक दलों के कार्यालयों पर पुलिस के छापे पड़ रहे हैं। सारे दिल्ली शहर में पुलिस की गाड़ियां घूम रही हैं। कहीं-कहीं पर सेना के वाहन भी दिखाई दे रहे थे। अखबारों का भी संपर्क नहीं हो पा रहा है। कहीं-कहीं पर टेलीफोन रिसीव करने का काम पुलिस द्वारा ही किया जा रहा है। माजरा समझ से बाहर था कि क्या हो रहा है। संघ के कार्यकर्ता सक्रिय हो उठे। नरेन्द्र मोदी भी सक्रियता के साथ अपने साथियों के बीच समय की नजाकत को समझकर संघर्ष करने के लिए तैयार थे। संघर्ष समिति की आपात बैठक बुलाई गई।

गुजरात भर में 26 व 27 जून को दो दिनों की हड़ताल का आदेश जारी कर दिया गया। 26 जून को यथासंभव सभी गांवों-शहरों में जनसभाओं का आयोजन कर आपातस्थिति के विरोध में प्रदर्शनों का निर्णय लिया गया। 28 जून को बडोदरा में विशाल मौन रैली निकालकर विरोध प्रदर्शन किया गया। उसके बाद तो गुजरात में विरोध का सिलसिला ऐसा शुरू हुआ कि वह जब तक इमरजेन्सी समाप्त नहीं हो गई तब तक चलता रहा। इमरजेन्सी का विरोध करने वालों को गिरफ्तार किया जाने लगा। सभी भूमिगत हो रहे थे। नरेन्द्र मोदी भी एक सिपाही की हैसियत से इस संघर्ष में लड़ रहे थे। मोदी अपने सभी मित्रों के संपर्क में लगातार बने हुए थे। मोदी की सक्रियता का अंदाजा इसी से लगाया जा सकता है कि आपातकाल के दौरान मोदी भूमिगत व्यवस्था तंत्र के माध्यम से खबरों को जुटाने में लगे रहते थे, और अपने साथियों का हाल-चाल लोगों तक पहुंचाते रहते थे। जैसे मकरंद देसाई द्वारा 16 जुलाई, 1976 को नरेन्द्र मोदी को पत्र में लिखा गया कि आपके पत्रों के माध्यम से जानकारियां मिलती रहती हैं। आपका आयोजन और व्यवस्था सुंदर है। वहां की जो भी जानकारी भी हमें मिलती है, वे हम अखबारों में प्रकाशित कराते हैं। उन्हीं समाचारों को बी.बी. सी. अपने प्रसारण में सम्मिलित कर लेता है। अत: समाचार तत्काल मिले यही विषय का महत्त्व है। नरेन्द्र मोदी देश के बाहर से इमरजेन्सी के खिलाफ संघर्ष करने वाले लोगों को संदेश भिजवाने का काम करते रहे ताकि किसी तरह से यह बात पूरी दुनिया में फैले कि भारत में क्या हो रहा है। जैसे मकरंद भाई का पत्र इंग्लैंड से आता था जिसका जवाब नरेन्द्र मोदी देते थे ताकि मकरंद भाई को पता चल सके कि भारत की वस्तुस्थिति क्या है। जैसे एक पत्र में मकरंद भाई नरेन्द्र मोदी को संबोधित करते हुए लिखते हैं-

> "भाई श्री नरेन्द्र, आपका पत्र पढ़कर बहुत खुशी हुई। ऐसे ही लिखते रहना। हमें समाचार मिलते रहेंगे तो हमारे काम सरल होंगे। खासकर प्रमुख समाचार एवं घटनाओं की जानकारी मिलती रहे, जो हमारे संघर्ष से संबंधित हो। विशेष रूप से आपातकाल की सफलता के बारे में जो भी समाचार हो, वे भिजवाएं, ताकि हम अपने समाचार पत्र 'सत्यवाणी' में प्रकाशित कर यह जानकारी दुनिया को दे सकें।"

इसी प्रकार के पत्र न्यूयॉर्क, नैरोबी से मोदी को मिल रहे थे और इन पत्रों का जवाब भी मोदी पूरी तन्मयता के साथ देते थे ताकि इमरजेंसी के संषर्घ में बाहरी लोगों का साथ मिल सके। भारत में तो वैसे भी इमरजेन्सी के दौरान

हालात बदतर हो चुके थे। इमरजेन्सी का विरोध करने वालों को जेल में ठूंसा जा रहा था लेकिन नरेन्द्र मोदी सरीखे नेताओं ने इसका विरोध करने का जो माध्यम अपनाया था वह माध्यम अलग इस तरह से कहा जा सकता था कि यह लोग भारत के बाहर दुनिया के अंदर संघर्ष की दास्तां को बता रहे थे कि किस प्रकार से भारत संकट के दौर से गुजर रहा है और यहां पर तानाशाही हो रही है। नरेन्द्र मोदी के इस संघर्ष की गाथा उनकी पहली पुस्तक 'संघर्षमां गुजरात' में पढ़ने को मिलती है। जब इमरजेन्सी के विरोध में संघर्ष शुरू हुआ था तो लोग किस प्रकार से खिल्ली उड़ा रहे थे। मोदी ने लिखा है, 'भूमिगत आंदोलन के दौरान समाज के विभिन्न वर्गों से संपर्क होता रहता था। शुरू-शुरू में आंदोलन को सभी उपहास की दृष्टि देखते थे। हमारी खिल्ली उड़ाने के प्रयत्न के रूप में हमारे सामने 'बहन जी' की बहादुरी के बखान भी किए जाते थे। किंतु जैसे-जैसे लोगों को स्थिति की गंभीरता का अहसास होता गया, समाज को हमसे अपेक्षाएं बढ़ने लगीं। उपहास करने वाले अब उपहास करने की स्थिति में नहीं रहे थे।'

मोदी एक सिपाही की भांति इस संघर्ष में लगातार लड़ रहे थे। जैसे-तैसे वे लोगों तक समाचार पहुंचाने से लेकर लोगों का समाचार लाने तक का काम कर रहे थे। उनके काम की निष्ठा को देखकर देश ही नहीं बल्कि विदेशों से भी मोदी के पास समाचार आते थे और मोदी गुजरात से समाचार भेजने का काम करते थे। आपातकाल के दौरान की कई ऐसी घटनाएं थीं जिन्हें मोदी ने अपने शब्दों में अभिव्यक्त किया है। मोदी लिखते हैं "सन 1975 के अंत में गुजरात में कई बैठकों के आयोजन किए गए थे, अतः अधिकतर नेता उन दिनों गुजरात में ही थे। 1 जनवरी, 1976 के दिन सवेरे-सवेरे ही मुझे श्री रवीन्द्र वर्मा से मिलने के लिए जाना था। श्री रामलाल पारिख के घर पर वे मेरा इंतजार कर रहे थे। जाते ही 'हैप्पी न्यू ईयर' कहकर मैंने प्रणाम किया। श्री वर्मा ने उत्तर देते हुए कहा, 'नरेन्द्रजी, मैं आपको पहले ही 'हैप्पी न्यू ईयर' कहने वाला था, किन्तु आप हिन्दुत्ववादी हैं, अतः कहीं बुरा न मान जाएं, इसी संकोच से मैंने कुछ नहीं कहा। लेकिन आप तो...।' इसके बाद नरेन्द्र मोदी ने कहा कि हिन्दुत्व की यही महानता है कि वह अपने पथ पर चलने वाले को संकुचित नहीं रहने देता।"

नरेन्द्र मोदी की यह बात ऐसी है जो कि आपातकाल के दिनों में कही गई और आज उसी हिन्दुत्व के बल पर वे अपने स्वाभिमान को बचाए रखकर आगे

चल रहे हैं। मोदी अपने व्यक्तित्व की वजह से ही आपातकाल के दिनों में अपनी अलग छाप छोड़ने में कामयाब रहे, नहीं तो वह तो ऐसा दौर था कि नरेन्द्र मोदी की तरह न जाने कितने सिपाही इस संघर्ष में साथ थे। लेकिन संघर्ष से तपकर आगे निकल आने वाले नरेन्द्र मोदी की क्षमताओं पर आज गुजरात की जनता गर्व कर रही है।

वोट के सौदागर मोदी

मोदी वोट के सौदागर हैं 'मौत के सौदागर' नहीं। यह बात गुजरात के विधानसभा चुनावों में उभरकर सामने आई। कांग्रेस अध्यक्ष श्रीमती सोनिया गांधी के इस बयान के बाद गुजरात की राजनीति ने करवट ले ली। श्रीमती गांधी ने यह कहा कि मोदी मौत के सौदागर हैं, बाद में जिस पर लीपापोती करने में कांग्रेस जुट गई। कांग्रेस प्रवक्ता अभिषेक मनु सिंघवी ने जहां इस बात को लेकर यही कहा कि यह बात सोनिया गांधी ने मोदी के लिए कही थी, वहीं कांग्रेस के वरिष्ठ नेता कपिल सिब्बल का बयान भी आया कि किस प्रकार मोदी प्रशासन गुजरात में अपनी मनमानी कर रहा है। लेकिन सबसे बड़ा सवाल उठा कि मौत के सौदागर मोदी आखिर वोट के सौदागर के रूप में कैसे तब्दील हो गए। राजनीतिक विश्लेषकों की बात मानें तो अगर सोनिया गांधी गुजरात में जाकर 'मौत के सौदागर' की बात नहीं कहती तो शायद गुजरात का चुनावी मुद्दा कुछ और होता। लेकिन सोनिया ने यह बात कहकर चुनाव का पूरा समीकरण बदल दिया।

गुजरात चुनाव से पूर्व जो तथ्य उभरकर सामने आ रहे थे, उनके मुताबिक मोदी चुनाव में विकास को मुद्दा बनाना चाहते थे तो कांग्रेस विकास की पोल खोल रही थी। इसके लिए कई संगठनों का सहारा भी लिया जा रहा था। गुजरात में चुनाव से ठीक पहले दिल्ली में एक संगठन ने गुजरात में आत्महत्या कर रहे किसानों के परिजनों को लाकर मोदी शासन की पोल खोलने की कवायद की। हालांकि मीडिया ने इस बात को ज्यादा प्राथमिकता नहीं दी। उसी समय मोदी के विरोधी नेता दिल्ली में मीटिंग कर मोदी को हटाने की प्रक्रिया में लगे थे। मोदी इन सारी बातों से वाकिफ होते हुए भी मौन थे क्योंकि उन्हें सबसे बड़ा मुद्दा विकास का दिखाई पड़ रहा था। मोदी अपने स्वाभाविक प्रवृत्ति के चलते कुछ नहीं बोल रहे थे। मोदी के बोलने की एक और खासियत है कि वे जब बोलते हैं तो विरोधियों की बोलती बंद हो जाती है। भले ही

विरोधियों को यह लग रहा हो कि मोदी को चुनावों में शिकस्त दी जा सकेगी लेकिन मोदी के एक सलाहकार बताते हैं कि मोदी को विरोधियों की कोई परवाह नहीं थी। कांग्रेस को इस बात की भनक थी कि अगर गुजरात में मोदी को हराना है तो मोदी के कद का कोई नेता गुजरात में खड़ा करना पड़ेगा। लेकिन मोदी के कद का कोई नेता गुजरात में कांग्रेस खड़ा नहीं कर सकी। दूसरी बात कांग्रेस को यह बड़ा भ्रम था कि कांग्रेस अध्यक्ष सोनिया गांधी और राहुल गांधी के प्रचार के बाद गुजरात में किसी कांग्रेसी नेता की जरूरत नहीं पड़ेगी। लेकिन यह सिर्फ और सिर्फ कांग्रेस का भ्रम था, जो परिणामों के आने के बाद टूट गया। सच्चाई तो यह थी कि मोदी को हराया जा सकता था लेकिन एक रणनीति के तहत। वह रणनीति थी कि अगर गुजरात में कांग्रेस वहां के किसी स्थानीय नेता के नेतृत्व में चुनाव लड़ती और उसका सपोर्ट केन्द्रीय नेता करते। लेकिन कांगेस के बड़े रणनीतिकार अपनी गोटी फिट करने में लगे रहे। कांग्रेस मुख्यालय से लेकर 10 जनपथ (सोनिया गांधी का आवास) तक बस मंत्रणा का दौर चला। दूसरी ओर, विपक्ष मोदी का जितना विरोध कर रहा था, उतना ही भाजपा का केन्द्रीय नेतृत्व मोदी के साथ था, क्योंकि भाजपा के वरिष्ठ नेताओं को इस बात का पता था कि अगर गुजरात में फतह हासिल करनी है तो मोदी को विश्वास में लेकर चलना होगा। इसी के चलते वहां के वरिष्ठ नेताओं के विरोध के बावजूद मोदी को किसी प्रकार का खतरा नहीं था। जो खतरा था, वह था मतदाताओं का लेकिन उनके आत्मविश्वास ने उस खतरे को भी दूर कर दिया।

मोदी अपने चुनाव प्रचार के दौरान जहां भी जाते उनका अलग तरह का तेवर था। उनके भाषण में जो ओज था उसे गुजरात की जनता स्वीकार कर रही थी। कांग्रेस अपनी सभाओं में भीड़ तो जुटा लेती थी लेकिन उस भीड़ को वोट बैंक में तब्दील करने का हुनर आज भी कांग्रेस के किसी नेता के अंदर नहीं है। मोदी के कार्य करने की शैली और वोट का सौदागर कहलाने की शैली ठीक वैसी ही है जैसी कभी बिहार में लालू प्रसाद यादव, उत्तर प्रदेश में मुलायम सिंह यादव और मायावती के अंदर थी। लालू की अपनी एक शैली थी, भाषण देने की कला थी। मुलायम सिंह के अंदर भी ओज था। वे भीड़ को अपने पीछे चलाने की कला जानते थे। मायावती दलित वर्ग को जिस तरह से मोड़कर अपने साथ ले चली उससे बेहतर हुनर मोदी ने कर दिखाया। चुनाव के दौरान उनके भाषण की एक-एक लाइन गुजरात की जनता की भावनाओं के साथ जुड़ी थी।

सोनिया और राहुल के भाषणों को लोग सुन जरूर रहे थे लेकिन जब वोट देने की बारी आई तो लोग उसे भूल गए कि सोनिया गांधी ने क्या कहा और राहुल की टिप्पणी क्या थी। बस रोड शो रोड पर रहा। गांवों में निकलकर नहीं जा सका। जबकि नरेन्द्र मोदी का शो गांवों के लिए था। गुजरात की आम जनता के लिए था। इसलिए उन्होंने अपनी शैली को कायम रखते हुए उस धारा, उस दिशा और उस ओज को पकड़ा। विकास के नारे दिए। वे नारे इसलिए थे क्योंकि वे जानते थे कि ये वही नारे हैं जो वहां की आम जनता जानती है। ऐसे नारे नहीं हैं जिनसे जनता भ्रमित हो। मोदी की इस शैली की आलोचना विरोधी करते हैं। मोदी को कोई परवाह नहीं रही। प्रचार के दौरान उनका काफिला उन हर जगहों पर गया जहां उन्हें जाना चाहिए था। यह नहीं कि प्रदेश के केवल चुनिंदा जगहों पर जाना था। जहां कि वोट नहीं भीड़ होती है। मीडिया में इस बात की चर्चा भी रही कि मोदी के जीत के पीछे मतों का प्रतिशत ज्यादा है। अगर भाजपा के लिए मतों का प्रतिशत ज्यादा था तो यह बात तो कांग्रेस के लिए भी लागू होती है। अगर ज्यादा मतदान हुआ तो कांग्रेस भी तो ज्यादा मत हासिल कर सकती थी। 10 या 11 सीटें ज्यादा हासिल कर लेने से कांग्रेस को अपनी स्थिति मजबूत नही माननी चाहिए। बल्कि यह सबक लेना चाहिए कि किस प्रकार सारे विरोध के बावजूद मोदी ने अपने पक्ष में जनता की भीड़ को एकत्र किया। वोट का सौदागर आज तो है कल क्या होगा, किसी को पता नहीं है। लेकिन 2007 के चुनाव ने यह साबित कर दिया कि मोदी वोट के सौदागर हैं। 1972 से लेकर अब तक उन्होंने अपने प्रचार अभियान का जो तौर-तरीका अपनाया वह इसी प्रकार अपनाते रहे तो मोदी के वर्चस्व को तोड़ना कांग्रेस क्या खुद उनके विरोधियों के लिए भी मुश्किल होगा जो आज मोदी की आलोचना कर रहे हैं।

मोदी ने कुशलतापूर्वक शासन चलाते हुए प्रदेश के विकास की नई इबारत लिख दी है। दंगों के अशांत वातावरण में जब श्री मोदी ने सत्ता संभाली तब से लेकर एक साल से अधिक समय तक दंगों की कहानियों को उनके विरोधी ढोल नगाड़े लेकर पीटते रहे। इस कठिन समय से राज्य की जनता को उबारना आसान नहीं था। इसी समय उन्होंने 'वाइब्रेट गुजरात' का अभियान चलाकर राज्य में पूंजी निवेश का अभियान चला दिया। इसके बाद उन्होंने पीछे मुड़कर नहीं देखा। कई बड़े-बड़े महोत्सवों के जरिए उन्होंने राज्य में विकास की नई इबारत लिखने की अपनी इच्छाशक्ति और संकल्प को बार-बार प्रमाणित कर

दिखाया। ऐसे में मोदी के इस करिश्माई खेल को समझने के लिए लोग लगे रहे लेकिन समझ नहीं पाए, क्योंकि जो लोग अपना विकास करेंगे वे राज्य का विकास कर पाएंगे। मोदी ने राज्य के विकास को प्राथमिकता दी और जो लोग उनका विरोध कर रहे थे वह विकास के आगे बौने नजर आए।

मोदी के बारे में भले ही जितना कुछ कहा जाए लेकिन उन सारे मिथकों को तोड़ते नजर आए, जो कि उनके बारे में फैलाए गए थे। मोदी ने जीतकर यह साबित कर दिया कि केवल उनकी महत्त्वाकांक्षा गुजरात तक ही सीमित नहीं है। इसलिए उन्होंने अपनी महत्त्वाकांक्षा को जीत के बाद जाहिर करते हुए कहा कि वे इस जीत को केन्द्र तक ले जाएंगे। भाजपा उनकी रणनीति का प्रयोग केन्द्र में कर सकती है। क्योंकि मोदी के फार्मूले को देखते हुए पार्टी को यह विश्वास है कि अगर इसी प्रकार से रणनीति बनाई गई तो आगामी लोकसभा चुनावों में मोदी को वोट के सौदागर के रूप में प्रयोग में लाया जा सकता है। मोदी को जिस प्रकार से 1995 के गुजरात विधानसभा में चुनाव प्रचार का प्रभारी बनाया गया था और इस चुनाव में भाजपा को विजयश्री मिली, उसे देखते हुए कहा जा सकता है कि 2007 के चुनावों के बाद मोदी को प्रयोग के तौर पर देश के अन्य राज्यों में होने वाले विधानसभा चुनावों खासकर मध्य प्रदेश, राजस्थान, छत्तीसगढ़ में जहां भाजपा की सरकार है, प्रयोग में ला सकती है। क्योंकि मोदी के प्रचार की शैली से भाजपा के वरिष्ठ नेता भी वाकिफ हो चुके हैं और केन्द्रीय नेतृत्व यह नहीं चाहेगा कि जहां उनकी सरकार बनती नजर आ रही हो उसे गंवा दिया जाए। हालांकि मध्य प्रदेश, राजस्थान, छत्तीसगढ़ में सरकार विरोधी लहर हो सकती है लेकिन मतदाताओं को लुभाने के प्रयोग के तहत उसे अपने पक्ष में किया जा सकता है। एक प्रचारक के तौर पर शुरू से काम कर रहे नरेन्द्र मोदी शायद देश के अन्य राज्यों और लोकसभा चुनावों में भी भाजपा के प्रचारक के तौर पर प्रचार करते नजर आएं तो किसी को आश्चर्य नहीं होना चाहिए क्योंकि मोदी जी वोट के सौदागर जो ठहरे।

विवाद और मोदी

विवाद और मोदी का चोली दामन का साथ रहा है। मोदी वैसे तो व्यक्तिगत तौर पर किसी से विवादित नहीं रहे लेकिन कुछ न कुछ ऐसा उनके साथ रहा कि वे हमेशा विवाद के घेरे में आते रहे। प्रदेश की विकास योजनाओं से लेकर उनके हर काम को किसी न किसी रूप में विवादित किए जाने का मामला प्रकाश में आता रहा है। गोधरा कांड के समय जिस प्रकार से उनकी छवि को प्रदर्शित किया गया था। उससे बड़ा विवाद आज तक उनके लिए नहीं रहा। गुजरात के दंगे के लिए सीधे तौर पर मोदी को दोषी ठहराया गया। चारों तरफ मोदी के विरोध में बयानबाजी उभरकर सामने आई। मीडिया में लगातार मोदी के विरोध में ऐसी बातें लिखी जाने लगीं जैसे मोदी स्वयं दोषी रहे हों और मोदी के कहने पर ही सारा कुछ किया जा रहा हो।

मोदी के शासन में 2002 में गुजरात के दंगे हुए जिसमें कम से कम दो हजार अल्पसंख्यकों की मौत हो गई थी। दंगे तब भड़के जब अयोध्या से कारसेवकों को लेकर आ रही साबरमती एक्सप्रेस में गोधरा स्टेशन पर आग लगी और 58 कार सेवक मारे गए। इसके बाद देश और दुनिया-भर में मोदी की छवि एक कट्टर हिन्दुत्ववादी नेता के तौर पर उभरी। मीडिया ने उन्हें हिन्दू हृदय सम्राट तक की संज्ञा दे दी। और मोदी कट्टर हिन्दुत्ववादी विचारधारा में विश्वास रखने वाले लाखों लोगों के लिए एक हीरो बनकर सामने आए। जिस तेजी से मोदी की निंदा और आलोचना हुई उसी से मोदी को स्वीकारने वालों के बीच राजनीतिक संगठनात्मक कद भी बढ़ता गया। कभी अफजल गुरु तो कभी सोहराबुद्दीन मामले में अपनी टिप्पणियों के लिए भी मोदी की ओलाचना होती रही और इससे उनकी कट्टर छवि मजबूत हुई।

2002 में गोधरा कांड से ही अगर मोदी के विवाद की शुरुआत करें तो इस कांड के कारण मोदी की छवि को राष्ट्रीय ही नहीं अंतर्राष्ट्रीय स्तर पर दूसरे रूप में प्रस्तुत किया गया। इस कांड की गूंज गुजरात चुनावों के ठीक पहले

भी हुई जब तहलका की तहकीकात में इस कांड के सच को उजागर किया गया। सच्चाई है क्या, यह तो अभी गर्त में है लेकिन जिस प्रकार से इस सच्चाई को तहलका ने उजागर किया, उसका सार यही था कि 5 साल बीतने के बाद भी गुजरात नरसंहार एक ज्वलंत मुद्दा बना हुआ है। राज्य सरकार, पुलिस, पीड़ितों और नागरिक अधिकारों की लड़ाई लड़ रहे संगठनों द्वारा इस घटना के कई संस्मरण तीखी बहस का विषय रहे। तहलका की इस क्रांतिकारी तहकीकात से पहली बार नरसंहार का शर्मनाक सच उन्हीं लोगों की जबानी सामने आया जिन्होंने इस वीभत्स काम को अंजाम दिया। तहलका ने इस पूरे घटनाक्रम का ब्यौरा जुटाने के लिए छह महीने का समय लगाया। क्या था गोधरा कांड और क्या थी मोदी की विवादित शैली? क्यों मोदी पर ही शक की उंगली उठी? गोधरा की घटना के 5 साल बाद भी हर शख्स की जुबान पर सवालों की कतार लगी हुई है। मसलन कैसे एक गर्भवती महिला का पेट तलवार से चीरकर उसके बच्चे को बाहर निकालकर फेंक दिया गया? किस तरह मौत से बचने के लिए एक गटर में छिपे मुसलमानों की निर्ममतापूर्वक हत्या कर दी गई। किस तरह गुलबर्ग सोसायटी हत्याकांड में पूर्व कांग्रेस सांसद एहसान जाफरी के शरीर के टुकड़े-टुकड़े कर उन्हें जला दिया गया। बलात्कार की घटनाएं जिनका राज्य सरकार हमेशा खंडन करती रही, किस तरह नरोदापाटिया में डर के मारे एक गड्ढे में छिपे दर्जनों मुसलमानों को मिट्टी का तेल उड़ेलकर जिंदा जला दिया गया।

इस तहकीकात से पहली बार इस बात की पुष्टि होती है कि गुजरात में मुसलमानों की हत्याएं गुस्से की स्वाभाविक और तात्कालिक प्रतिक्रिया नहीं थी बल्कि राष्ट्रीय स्वयंसेवक संघ, विश्व हिन्दू परिषद और बजरंग दल के बड़े नेताओं द्वारा बनाई गई सुनियोजित योजना का परिणाम थी। इस योजना का मुख्यमंत्री नरेन्द्र मोदी को न सिर्फ ज्ञान था बल्कि इसके लिए उनकी सहमति भी थी।

तहलका ने जिस प्रकार से इस तहकीकात में नरेन्द्र मोदी को जिम्मेवार ठहराया है, उसे देखकर नरेन्द्र मोदी के बारे में लोगों की नजर में एक अलग छवि पेश होती है लेकिन इस सच्चाई को कानून नहीं समझ पा रहा है। अगर यह सच है तो नरेन्द्र मोदी को क्यों नहीं सजा मिली? नरेन्द्र मोदी इस सच के बावजूद गुजरात की जनता के दिलों में अपनी जगह बना रहे हैं तो किसे सच कहा जाएगा? यह भी एक प्रश्न है। तहलका अपनी रिपोर्ट में यह बताता है

कि कैमरे पर दर्ज बातचीत में एक बी.जे.पी. विधायक का कहना है कि वे उस बैठक में मौजूद थे, जिसमें मुख्यमंत्री नरेन्द्र मोदी ने उन्हें बदला लेने के लिए तीन दिन का समय दिया था। विधायक के शब्द थे- उन्होंने (मुख्यमंत्री ने) हमें तीन दिन का वक्त दिया था, जो चाहे वह करने के लिए। उन्होंने कहा कि वे हमें इसके बाद कोई समय नहीं देंगे। उन्होंने खुले तौर पर यह बात कही। तीन दिन के बाद उन्होंने रोकने के लिए कहा और सब कुछ रूक गया।

नरसंहार की सबसे बड़ी घटना नरोदा पाटिया हत्याकांड के एक आरोपी के मुताबिक, मोदी उस शाम पाटिया आए थे और यह कहते हुए धन्यवाद दिया था, आप धन्य हो। साबरमती एक्सप्रेस में सवार रहे एक वरिष्ठ विहिप कार्यकर्ता का कहना था कि मुसलमानों ने हमारे साथ वन डे मैच खेला है। उन्होंने 60 का टारगेट दिया है। हमें किसी भी कीमत पर ये मैच जीतना है। इसलिए जब तक 600 रन न बनें तुम्हें रूकना नहीं है। मोदी ने हमें कुछ भी करने की छूट दे दी थी। पुलिस हमारे साथ थी।

इस बातचीत से यह भी खुलासा हुआ कि बजरंग दल और विहिप के वरिष्ठ कार्यकर्ताओं की फैक्ट्रियों में बम बनाए गए थे। उत्तर प्रदेश, मध्य प्रदेश और पंजाब से हथियार मंगाए गए और संघ परिवार के वरिष्ठ सदस्यों और विधायकों की अगुवाई में बनी कई टीमों को बांटे गए।

तहलका के अंडरकवर रिपोर्टर आशीष खेतान ने कई षड्यंत्रकर्ताओं और दंगाइयों से मुलाकात की, जिन्होंने खुद बताया कि उन्होंने कैसे मुसलमानों की हत्याएं कीं। एक बी.जे.पी. विधायक ने चौकाने वाली बातें कहीं। उनका कहना था कि बम और यहां तक कि नरसंहार में इस्तेमाल किए गए रॉकेट लांचर भी उनकी पटाखा फैक्ट्री में बनाए गए। कई षड्यंत्रकारियों ने उन बैठकों का भी उल्लेख किया, जो 27 फरवरी, 2002 की रात को पूरे राज्य में हुई। साबरमती एक्सप्रेस अग्निकांड के कुछ घंटे बाद ही इन बैठकों में योजना बन गई थी कि गोधरा का माकूल जवाब कैसे दिया जाना है। तहकीकात के दौरान षड्यंत्रकारियों और दंगाइयों ने स्पष्ट रूप से बताया कि किस तरह पुलिस उनके साथ मिल गई थी और इस काम को अंजाम देने में सहयोग कर रही थी। किस तरह मौतों का आंकड़ा कम दिखाने के लिए पुलिस कमिश्नर ने नरोदा पाटिया से कई शवों को अहमदाबाद भिजवाया। कैसे पुलिस अधिकारियों ने मुसलमानों पर गोलियां बरसाईं।

तहकीकात में यह भी खुलासा हुआ कि इस पूरे घटनाक्रम के दौरान कानून को तार-तार कर दिया गया। नरसंहार ने आरोपियों को बचाने के लिए वकीलों

का पैनल पहले से ही तैयार कर लिया था। दो सरकारी वकीलों ने माना कि पीड़ितों को न्याय दिलाने के बजाए वे उल्टे आरोपियों को ही मदद दे रहे हैं। सरकारी वकील पीड़ितों और आरोपियों के बीच पैसे के जरिए सुलह करवा रहे हैं। कानून को तोड़ने-मरोड़ने का यह सिलसिला यहीं नहीं रूकता। आयोग में सरकार की पैरवी कर रहे एक वरिष्ठ वकील तो दंगों की जांच कर रहे नानावती शाह आयोग की विश्वसनीयता को ही संदेह के घेरे में खड़ा करते हैं। उनका कहना था 'शाह हमारे आदमी थे'।

एक दूसरी महत्त्वपूर्ण तहकीकात में तहलका ने साबरमती एक्सप्रेस के एस-6 कोच में लगी आग के पीछे के उस झूठ का पर्दाफाश किया है जिसमें कहा गया था कि यह सोची-समझी साजिश थी। तहलका ने कई प्रमुख गवाहों से बात की जिन्होंने माना कि उन्होंने कई कारणों से गलत बयान दिया था। मसलन पुलिस के एक अहम गवाह का कहना था कि उसे और उसके साथियों को गोधरा कांड की जांच कर रहे मुख्य जांच अधिकारी नोएल परमार ने झूठ बोलने के 50 हजार रुपये दिए थे। बी.जे.पी. के सदस्यों, जिन्होंने गोधरा कांड के प्रत्यक्षदर्शी होने का दावा करते हुए कई आरोपियों की पहचान की थी, ने माना कि वे उस दिन गोधरा स्टेशन पर ही नहीं थे। उनका कहना था कि उन्होंने हिन्दुत्व के हित में ये काम किया।

तहलका की यह तहकीकात चुनावों के ठीक पहले सामने आई थी लेकिन इस रिपोर्ट को लेकर जो हल्ला मचा, वह चुनावों में शांत हो गया। यह रिपोर्ट आई तो ठीक है। मोदी कटघरे में भी खड़े हुए लेकिन यह कटघरा ठीक उसी तरह से रहा जैसा कि 2002 के बाद से मोदी के आसपास रहा है। मोदी इस रिपोर्ट के आने से कहीं से भी विचलित नहीं हुए बल्कि इन आरोपों का डटकर सामना किया।

गोधरा कांड के बाद से हमेशा इस कांड को लेकर चर्चा में रहे मोदी ने इस कांड को लेकर कभी अपना आपा नहीं खोया। बल्कि सच्चाई का डटकर सामना किया। अगर वे गलत होते तो शायद डर जाते लेकिन उनका मौन हमेशा इस बात को उजागर करता रहा कि वे गलत नहीं है और इस प्रकार के आरोपों को झुठलाते रहे।

मोदी गोधरा कांड को लेकर कहां-कहां लोगों के आंखों की किरकिरी नहीं बने। यहां तक कि देश दुनिया में उनके विरोध में पुतले फूंके गए। हर तरफ उनका विरोध हुआ। संसद से लेकर सड़क तक इस कांड की चर्चा होती रही।

लेकिन चर्चा करने वाले शायद यह भूल गए कि गोधरा कांड जैसे न जाने कितने कांड इस देश में हो चुके हैं। कौन दोषी है कौन नहीं, इसका पता आज तक नहीं चल पाया। मान लीजिए कि अगर नरेन्द्र मोदी दोषी हैं तो वहां की जनता उन्हें दोषी करार दे। हम कौन होते हैं यह कहने वाले कि नरेन्द्र मोदी दोषी हैं! क्या नरेन्द्र मोदी का दोष केवल इतना ही है कि वे दंगे के समय गुजरात के मुख्यमंत्री थे या फिर नरेन्द्र मोदी का दोष यह है कि वे दंगाइयों को सजा नहीं दिलवा पाए? नरेन्द्र मोदी विवादित रहे हैं तो विवाद के पीछे के क्या कारण हैं? कभी अपने स्वभाव से उन्हें विवादित नहीं होना पड़ा। इस दंगे की वजह से अमेरिका में न्यूयॉर्क जाकर एशियाई होटलों के मालिकों के एक सम्मेलन को संबोधित करने जब मोदी को जाना था तब अमेरिकी प्रशासन ने उन्हें वीजा नहीं दिया। यह वीजा विवाद इतना चला कि क्या सत्ता पक्ष क्या विपक्ष, सभी ने अमेरिकी सरकार की आलोचना की। मोदी ने स्वयं इसके बारे में कहा था कि वीजा नहीं देना भारतीय संविधान, प्रभुसत्ता और 5 करोड़ गुजरातियों का अपमान है। इस विवाद के कारण भारत अमेरिका के बीच राजनयिक रिश्तों का भी सच उजागर हुआ। लेकिन अंततः मोदी को उपग्रह के जरिए इस जनसभा को संबोधित करना पड़ा। उपग्रह के जरिए मोदी ने न्यूयॉर्क में एकत्रित समूह को कहा था कि मां भारती के माथे पर काला टीका लगाने का जो दृष्कृत्य किया गया है उससे आपका आहत होना स्वाभाविक है। मैं आपकी भावनाओं का आदर करता हूं। उन्होंने जब यह कहा कि इस देश के प्रति, हमारी महान परंपराओं के प्रति, हमारे उन जीवन मूल्यों के प्रति आपकी जो निष्ठाएं हैं, उनको शब्दों में कहने की आवश्यकता नहीं तो पूरा हॉल तालियों की गड़गड़ाहट से गूंज उठा। मोदी भले ही न्यूयॉर्क नहीं गए लेकिन विवाद के बावजूद वे अपनी बात अपने गुजराती भाइयों के बीच पहुंचाने में सफल रहे। वहां भी विरोध प्रदर्शन होता रहा, लेकिन मोदी ने इसकी कोई परवाह नहीं की।

इसी तरह विदेशी निवेश को आकर्षित करने के लिए मोदी जब यूरोप की यात्रा पर गए थे, वहां भी उन्हें विरोध का सामना करना पड़ा। लगातार उनके विरोध में मुस्लिम संगठनों द्वारा नारेबाजी और प्रदर्शन होता रहा। चुनावों से ठीक पहले गुजरात के सोहराबुद्दीन हत्याकांड को लेकर भी मोदी के बारे में चर्चा गरम रही। इसके बाद अफजल को फांसी दिए जाने के बयान को लेकर भी मोदी चर्चा के केन्द्र में रहे। मोदी ने सोहराबुद्दीन हत्याकांड को सही ठहराया

तो चुनाव आयोग ने नोटिस थमा दिया। कहा गया कि मोदी ने चुनाव आयोग की आचार संहिता का उल्लंघन किया है। मोदी ने अपना जवाब चुनाव आयोग को दिया कि आखिर उन्होंने जो कुछ भी कहा था वह सोनिया गांधी के मौत के सौदागर कहने के बाद उक्त टिप्पणी की थी और उस टिप्पणी का कोई गलत अर्थ नहीं लगाया जाना चाहिए। इसी प्रकार जब राष्ट्रीय विकास परिषद की बैठक हो रही थी तब उन्होंने प्रधानमंत्री को उनकी सरकार के अल्पसंख्यकों से संबंधित 15 सूत्री कार्यक्रम पर आड़े हाथों लेते हुए कहा कि पंचवर्षीय योजना में प्रस्तावित अल्पसंख्यक फंड सांप्रदायिक बजटिंग का नमूना है। इससे देश बंटेगा, ग्रोथ रूकेगा। उन्होंने कहा कि गरीब गुरबा और वंचित सभी जातियों और धर्मों में हैं। यदि सरकार धर्मनिरपेक्ष रास्तों पर चलते हुए सभी वर्गों का भला चाहती है तो फिर राष्ट्रीय संपदा का इस तरह सांप्रदायिक दुरूपयोग न करें।

मोदी को एक और विवाद झेलना पड़ा जब उन्हें एक पोस्टर में भगवान कृष्ण के रूप में दिखाया गया। प्रदेश के ऊर्जा मंत्री सौरभ पटेल को उनके 50वें जन्मदिन पर भावनगर में एक विवादास्पद पोस्टर भेंट किया गया। जिसमें नरेन्द्र मोदी को सुदर्शन चक्र थामे रथ पर सवार कृष्ण, पटेल को अर्जुन, भा. ज.पा. की प्रदेश इकाई के अध्यक्ष पुरुषोत्तम रूपाला को युधिष्ठिर तथा भा. ज.पा. के बागियों को केशुभाई पटेल के नेतृत्व में कौरवों के रूप में दिखाया गया। पोस्टर में मोदी के ऊपर लिखा गया कि 'यदा यदा ही धर्मस्य'। इससे मोदी को विपक्ष ने घेरना शुरू किया। मोदी इस बात से विचलित नहीं हुए क्योंकि उन्हें पता था कि विवाद तो उनका पीछा नहीं छोड़ने वाले। बल्कि उन्होंने विरोध का डटकर सामना किया।

इसके अलावा गुजरात के विधानसभा चुनावों में मोदी को प्रचार के समय काफी विवादों का सामना करना पड़ा। यहां तक कि एक महिला ने आकर कह दिया कि वह मोदी की पत्नी है और उनका विवाह बचपन में हो गया था। यह भी एक प्रकार का विवाद रहा। जबकि सबको पता है मोदी अविवाहित हैं इसलिए उन्हें इस विवाद से कोई खास असर नहीं पड़ा।

चुनाव और मोदी

न केवल कांग्रेस के दावे बल्कि भाजपाई सिपहसालारों के दावों को भी जिस शख्स ने झुठला दिया, उसका नाम नरेन्द्र मोदी है। भारतीय जनता पार्टी के लिए फिर जादुई मंत्र साबित हुए मोदी के करिश्माई नेतृत्व की बदौलत राज्य में पुनः भा.ज.पा. ने अपना परचम लहराया है। कांग्रेस की कड़ी चुनौती और सत्ता विरोधी लहर को ठेंगा दिखाते हुए करिश्माई मुख्यमंत्री ने लगभग एक बार फिर अपने बूते पर ही पार्टी को प्रचंड विजय दिला दी। मोदी ही मैन ऑफ द मैच साबित हुए। सच बात तो यह है कि अन्दर ही अन्दर कई भाजपाई दिग्गज अकेले मोदी के दम पर भा.ज.पा. की जीत के दावों से कूटनयिक तरीके से गुरेज कर रहे थे। लेकिन परिणाम आते ही वे सब मोदी-मोदी करने लगे। इसे कहते हैं वक्त की सियासत इन चुनावों को इसलिए भी महत्त्वपूर्ण माना जा रहा था कि इनका असर लोकसभा चुनावों पर पड़ सकता है। 1990 से ही गुजरात में गैर कांग्रेसी सरकारें हैं। 1990 में भा.ज.पा. व गुजरात जनता दल, 1995, 1998, 2002 के चुनावों में भा.ज.पा. जीती। अब 2007 के चुनावों में भी भा.ज.पा. का परचम फहरा गया है।

1995 में भा.ज.पा. ने विधानसभा चुनाव जीता था। तब केशुभाई पटेल के खिलाफ बगावत शंकर सिंह वाघेला ने की थी जो खुद गुजरात प्रदेश भा.ज.पा. के अध्यक्ष थे। नरेन्द्र मोदी तब गुजरात में आर.एस.एस. की तरफ से बतौर संगठन मंत्री भा.ज.पा. में तैनात थे। मोदी की कार्यशैली से ही वाघेला आहत थे। 1997 में गुजरात में वाघेला की बगावत के चलते मध्यावधि चुनाव की नौबत आ गई थी। बगावत कर कांग्रेस की मदद से वाघेला मुख्यमंत्री बन तो जरूर गए थे पर चुनाव में उनकी पार्टी की करारी हार हुई थी। 1997 में केशुभाई पटेल फिर मुख्यमंत्री बने तो इस बार मोदी से उनकी पटरी नहीं बैठी। मोदी को उन्होंने गुजरात से बाहर करा दिया। तब मोदी दिल्ली में पार्टी के राष्ट्रीय सचिव बन निर्वासन में रहे।

केशुभाई पटेल को हटाकर पार्टी ने नरेन्द्र मोदी को गुजरात का मुख्यमंत्री बनाया तो गोधरा कांड हो गया। 2002 का विधानसभा चुनाव भा.ज.पा. ने मोदी के नेतृत्व में ही लड़ा और बड़ी जीत हासिल की। इस बार पार्टी में बगावत ज्यादा होने और सोनिया की सभाओं में जुटने वाली भारी भीड़ को देखते हुए मोदी की नैया डांवा-डोल दिखने लगी थी। खासकर पटेल समुदाय की उनसे नाराजगी को उनके लिए घातक बताया जा रहा था। पर किस्मत ने फिर मोदी का साथ दिया और उन्होंने खुद को लगातार दो चुनाव जीतने का ऐसा इतिहास रचा जो अभी तक पश्चिम बंगाल में मा.क.पा. का ही है।

गुजरात चुनाव को लेकर नरेन्द्र मोदी का शिकंजा पार्टी के बागी नेताओं द्वारा ही कसा जा रहा था, लेकिन नरेन्द्र मोदी उस शिकंजे से कहीं से भी विचलित नजर नहीं आसत रहे थे। वे लगातार संघर्ष करते रहे और अंत में विजय उन्हें ही मिली। चुनावों के दौरान लगातार उन्हें नीचा दिखाने की कोशिश जिस प्रकार की गई उसका जवाब नरेन्द्र मोदी ने चुनाव जीतकर दिया। नरेन्द्र मोदी हमेशा इस बात को समझते रहे कि विरोधी हमेशा उन्हें नीचा दिखाने की कोशिश करेंगे लेकिन वे इस बात को लेकर सचेत रहे कि हमें वही काम करना है, जो हमें बेहतर लगे। उन्होंने अपने विवेक के आधार पर सारे निर्णय लिए और सभी निर्णय में वह सफल रहे। राजनीतिक विश्लेषक महेश रंगराजन का मानना है कि पूरे चुनाव में विश्लेषकों ने गुजरात की आर्थिक तरक्की को नजरअंदाज किया। मोदी ने गुजरात के शहरों के साथ-साथ कृषि, बिजली, पानी का भी ध्यान रखा। जिसने ग्रामीण औद्योगिकीकरण को बढ़ावा दिया। इससे लाभ उठाने वाले सौराष्ट्र और उत्तर गुजरात ने जाति आधारित व्यवस्था की दीवारें तोड़कर मोदी को वोट दिया। स्वयं मोदी के शब्दों में यह जीत उनकी या पार्टी की नहीं बल्कि साढ़े पांच करोड़ गुजरातियों की है। लेकिन मोदी ने हिन्दुत्व को इस चुनावों में नहीं छोड़ा। उन्होंने हिन्दुत्व को कॉरपोरेटराइज कर और गुजरातियों की अस्मिता से जोड़कर उसका नया चेहरा गढ़ने की कोशिश की।

समाज विज्ञानी इम्तियाज अहमद कहते हैं कि मायावती ने विभिन्न जातियों को मिलाकर एक जीताऊ गठजोड़ बनाया था। इसके विपरीत मोदी ने भोथरी हो चुकी सांप्रदायिक ध्रुवीकरण की धार को और पैना किया जिसकी पृष्ठभूमि कांग्रेस ने तैयार की थी। चुनाव जीतने का मोदी का फंडा यही था कि विकास करो, इस विकास को जनता को समझाओ। दूसरी बात जो उन्होंने राजनीतिज्ञों को बतायी कि छवि साफ रखो, इस पर बहस न होने दो। कीचड़

उछालने वालों को मुंहतोड़ जवाब दो। साथ ही इस प्रकार के मुद्दों को भाजपाई चाशनी में पेश करो।

मोदी को चुनावों में मिली सफलता के बाद यह तय हो गया कि फिलहाल मोदी का जो वर्चस्व और जो रूतबा उजागर हुआ है वह आने वाले कुछ सालों तक तो बना रहेगा। इसके अलावा यदि मोदी इसी राह पर काम करते रहे तो वह दिन दूर नहीं होगा, जब वे देश की बागडोर को संभालेंगे। हालांकि यह भी कहा जा रहा है कि वह प्रधानमंत्री पद के उम्मीदवार नहीं हैं लेकिन जो सोच और जो उद्देश्य मोदी का है, अगर उस फार्मूले पर काम करते रहे तो मोदी को केन्द्रीय नेतृत्व संभालने से कोई नहीं रोक सकता।

चुनावों में मिली सफलता के बाद सभी के सुर बदल गए थे और पार्टी के सभी वरिष्ठ नेता इस बात को मानने लगे थे कि मोदी का वर्चस्व कायम है। भले ही खुले तौर पर कोई न बोले लेकिन मोदी के करिश्माई नेतृत्व ने सभी को चौंका दिया था। जिस प्रकार से विरोध हो रहे थे केन्द्रीय नेता भी मोदी के पीछे ही खड़े दिखाई दिए। पूर्व प्रधानमंत्री अटल बिहारी वाजपेयी पहले से ही मोदी को राजधर्म सिखाने की बात कर रहे थे। लेकिन मोदी के व्यक्तित्व का एक नया पहलू जो उभरकर आया है उसे नकारा नहीं जा सकता है। मोदी ने जीत के बाद सारा श्रेय गुजरात की साढ़े पांच करोड़ जनता को दिया। मोदी ने चुनाव के बाद जो अपना साक्षातकार दिया उसमें साफ तौर पर कहा कि विकास विरोधी जो मानसिकता थी वह हार गई। मोदी ने जीत के ठीक बाद जो साक्षात्कार दिया था वह कुछ इस प्रकार था।

हार गई विकास विरोधी मानसिकता – मोदी

प्रश्न–आपके लिए इस जीत के मायने क्या हैं? क्या मोदी ब्रांड जीता है या भा.ज.पा.?

मोदी–इस जीत का पूरा श्रेय न तो मुझे जाता है और न ही भा.ज.पा. को। यह साढ़े पांच करोड़ गुजरातियों की जीत है और मैं इसे विनम्रतापूर्वक स्वीकार करता हूं।

प्रश्न–चुनाव प्रचार के दौरान लगाए गए आरोप–प्रत्यारोपों पर आपका क्या कहना है?

मोदी–लोगों ने विकास विरोधी मानसिकता को खारिज करते हुए ऐसी ताकतों को हराया है, जो गुजरात को बदनाम करने में लगी थीं। जनता से हमें

सकारात्मक वोट मिले हैं। हम 1999 से दो तिहाई बहुमत के साथ जीत रहे हैं। चुनाव अभियान के दौरान नए मुहावरे, शब्दावली और नए विचार गढ़े गए, लेकिन लोगों ने गुजरात की मजबूती के लिए उन्हें खारिज कर दिया।

प्रश्न–चुनाव अभियान मोदी पर केन्द्रित रहा। इसमें पार्टी और राष्ट्रीय स्वयंसेवक संघ की क्या भूमिका रही?

मोदी–एक कार्यकर्ता के रूप में मेरे प्रति निष्ठा दिखाने के लिए मैं अपनी पार्टी और इसके वरिष्ठ नेताओं को तहेदिल से धन्यवाद देता हूं। यह जीत ऐतिहासिक है। संघ के लाखों देशभक्त स्वयंसेवकों, सामाजिक व आध्यात्मिक नेताओं ने अन्य किसी की तुलना में गुजरात के हित को सर्वोपरि रखा और वे इस जीत में साझेदार हैं।

प्रश्न–आप तीसरी बार राज्य के मुख्यमंत्री बनने जा रहे हैं। अब आगे क्या करेंगे?

मोदी–गुजरात 2010 में अपनी स्वर्णजयंती मनाएगा। देश को हमसे काफी उम्मीदें हैं। मैं सपने सच करने में सबकी भागीदारी चाहता हूं।

नरेन्द्र मोदी दूर तक सोचने वाले हैं। इस बात को उन्होंने साबित कर दिया कि 2010 में उन्हीं के नेतृत्व में गुजरात अपना स्वर्ण जयंती वर्ष मनाएगा और उस साल में गुजरात की छटा कुछ और होगी। मोदी के जीत के मायने कुछ भी कहे जाएं लेकिन गुजरात की जीत मोदी की जीत है, उनके द्वारा किए गए विकास की जीत है। इस जीत को विकास के साथ जोड़कर अगर मोदी देखते रहे तो निश्चित तौर पर उन्हें सफलता मिलेगी।

गुजरात चुनावों के दौरान पार्टी के प्रचार के तौर–तरीकों और रणनीति के लिए पार्टी के गुजरात प्रभारी अरुण जेटली की भूमिका काफी सराहनीय रही। उन्होंने गुजरात में प्रचार के कुछ विशेष प्रयोग भी किए लेकिन उनका श्रेय वह नहीं लेना चाहते। जेटली ने अपनी रणनीति को हमेशा अपनों तक सीमित रखा और वह सफलता को अपनी रणनीति का सबसे बड़ा हिस्सा मानते हैं। जीत के बाद जेटली ने कहा कि हम सकारात्मक मुद्दों पर चुनाव जीते और हमें इस बात पर विश्वास है कि अगर विकास को प्राथमिकता दी जाए और कार्यकर्ताओं पर विश्वास किया जाए तो हमें जीतने से कोई नहीं रोक सकता। जेटली ने दैनिक भास्कर सहित कुछ समाचार पत्रों को दिए गए साक्षात्कार में इस बात को माना कि पार्टी से कार्यकर्ता का जुड़ाव किसी व्यक्ति विशेष से नहीं बल्कि पार्टी से होता है।

कांग्रेस की अल्पसंख्यकवाद की राजनीति विफल हुई है – अरुण जेटली

प्रश्न–गुजरात में भा.ज.पा. जीती, इस जीत को आप किस तरह से देखते हैं?

जेटली–गुजरात में भा.ज.पा. जीती है। इस जीत का गंभीरता से विश्लेषण करने की जरूरत है। क्योंकि जिस प्रकार का माहौल गुजरात को लेकर तैयार किया गया था, उस माहौल के विपरीत पार्टी को जो सफलता मिली है वह बिल्कुल ही अलग तरह की है। परिणाम आने से पहले तक सभी की नजर गुजरात पर टिकी हुई थी और हम तो मानकर चल रहे थे कि हम जीतेंगे, लेकिन इतने बड़े अंतर से जीतेंगे इसमें थोड़ा-सा संशय की स्थिति हो रही थी। जहां तक कांग्रेस का सवाल है तो 1985 के बाद से अब तक कांग्रेस को गुजरात में न तो किसी विधानसभा में बहुमत मिला है और न ही लोकसभा चुनाव में। इसके बावजूद भा.ज.पा. का ढांचा लंबे समय से वहां मजबूत होता आया है। भा.ज.पा. के लिए यह जीत गर्व का अवसर है। यह जीत हमने सकारात्मक मुद्दों पर हासिल की है। इसके पीछे तीन कारक रहे हैं। भा.ज.पा. का संगठन व विचारधारा, नरेन्द्र मोदी के नेतृत्व की विश्वसनीयता और सरकार का प्रदर्शन। इस जीत ने इस मिथक को हमेशा के लिए ध्वस्त कर दिया है कि विकास के नारे पर चुनाव नहीं जीते जाते। कांग्रेस की अल्पसंख्यकवाद की राजनीति पूरी तरह विफल साबित हुई है।

प्रश्न–मोदी के नेतृत्व से नाराज पार्टी के कुछ वरिष्ठ नेताओं ने इस चुनाव में आपका साथ नहीं दिया। इस पर आपका क्या कहना है?

जेटली–कुछ व्यक्ति भले ही बाहर गए मगर हमारा एक भी कार्यकर्ता बाहर नहीं गया। इससे साबित होता है कि कार्यकर्ता का जुड़ाव किसी व्यक्ति विशेष से नहीं बल्कि विचारधारा और संगठन से होता है और उस पर अगर प्रभावी नेतृत्व मिल जाए तो सोने पर सुहागा कहा जा सकता है। यही गुजरात में भी हुआ। इसी का नतीजा है कि सौराष्ट्र क्षेत्र में भा.ज.पा. जीती ही नहीं बल्कि पहले से बेहतर आंकड़े लेकर आई।

प्रश्न–मोदी विरोधियों को तो आप निष्प्रभावी बता रहे हैं लेकिन आर.एस.एस. व संघ परिवार का एक बड़ा खेमा भी नरेन्द्र मोदी की कार्यशैली से असंतुष्ट है?

जेटली–यह बात सभी जानते हैं कि राष्ट्रीय स्वयंसेवक संघ प्रत्यक्ष रूप से चुनावों में हिस्सा नहीं लेता है। लेकिन राष्ट्रवादी विचारधारा वाले स्वयंसेवक पर अपनी स्वेच्छा से चुनावों में काम करने पर कोई रोक नहीं है। मैं अपनी व्यक्तिगत जानकारी के आधार पर यह कह सकता हूं कि आर.एस.एस. के हजारों, लाखों कार्यकर्ताओं ने इन चुनावों में भा.ज.पा. व मोदी के समर्थन में काम किया। इनमें से कई को मैं व्यक्तिगत रूप से पहचानता हूं। विश्व हिन्दू परिषद के भी हजारों कार्यकर्ता सक्रिय थे। केवल एक नेता के सक्रिय न होने से यह विश्लेषण करना गलत है कि विहिप हमारे साथ नहीं है।

प्रश्न–एक स्वाभाविक प्रश्न खड़ा होता है कि गुजरात की इस जीत से केन्द्र की राजनीति पर क्या असर पड़ेगा?

जेटली–कांग्रेस पार्टी को अब इस बात पर गंभीरता से विचार करना चाहिए कि क्या उनकी नेता सोनिया गांधी उन्हें वाकई वोट दिलवाने की क्षमता रखती हैं? पहले कांग्रेस ने प्रचार को स्थानीय मुद्दों तक सीमित रखने का प्रयास किया लेकिन बाद में सोनिया गांधी के भाषणों ने इसकी दिशा बदल दी जिसका उन्हें नुकसान भी हुआ। रही केन्द्र की बात तो वामदलों ने पहले ही इस सरकार को अपाहिज बना रखा है। अब वे इसे और अपाहिज बनाएंगे। ऐसे में दोनों पक्ष फिलहाल जनता के बीच जाने से कतराएंगे। इससे इतना तो साफ है कि लोकसभा के मध्यावधि चुनाव की संभावना पहले से क्षीण हो रही है।

प्रश्न–चुनाव के पहले से ही कहा जा रहा था कि नरेन्द्र मोदी का कद पार्टी से बड़ा हो गया है। चुनाव के बीच लालकृष्ण आडवाणी को केन्द्र में नेता घोषित किए जाने के ऐलान को भी इससे जोड़कर देखा गया। क्या इस जीत से मोदी पार्टी के लिए चुनौती नहीं बन गए हैं?

जेटली–मोदी की जीत से गुजरात ही नहीं पूरे देश में उनका कद बढ़ा है। इससे भा.ज.पा. का और हमारे राजनीतिक आंदोलन का भी कद बढ़ा है। वाजपेयी और आडवाणी के बाद पार्टी में बड़े नेताओं की जो कड़ी है उसमें मोदी भी एक कड़ी हैं। इसमें शक नहीं कि उनका व्यक्तित्व भी इस जीत में अहम पहलू था। लेकिन ऐसा नहीं है कि किसी हार या जीत से पार्टी के केन्द्रीय नेतृत्व पर असर पड़ जाता है। मान लीजिए वे हार जाते तो क्या पार्टी में फेरबदल हो जाती? मोदी गुजरात में रहेंगे और निश्चित रूप से आगामी लोकसभा चुनाव में एक प्रबल 'कैंपेनर' बनेंगे।

प्रश्न–चुनावों से पूर्व कुछ एन.डी.ए. के सहयोगी दलों के नेता मोदी ब्रांड

की राजनीति की मुखालफत कर चुके हैं। क्या इस जीत से एन.डी.ए. में किसी हलचल का अंदेशा देखते हैं?

जेटली–कोई हलचल नहीं होने वाली है। क्या यह सच नहीं है कि अगर गुजरात में कांग्रेस जीत जाती तो गैर कांग्रेसवाद की पूरी राजनीति को नुकसान पहुंचता। कई एन.डी.ए. नेताओं ने मोदी से बात की है और उन्हें बधाई दी है। किसी को भी कोई शिकायत नहीं है।

प्रश्न–आप 2002 के चुनावों में गुजरात के प्रभारी रहे और 2007 के चुनावों में भी रहे। उस और इस चुनाव में आपने क्या फर्क महसूस किया?

जेटली–2002 और 2007 के चुनावों में एक बड़ा महत्त्वपूर्ण अंतर है कि 2002 में मोदी सरकार के लिए नए थे। लोगों ने उनके कामकाज को बहुत समय तक नहीं परखा था। लोगों के पास उनके कामकाज को परखने का पर्याप्त समय नहीं मिला। इस चुनाव में लोगों ने मोदी के कामकाज को देखा और समझा। यही सबसे बड़ा अंतर है।

मोदी का जादुई असर केवल विधानसभा चुनाव ही नहीं बल्कि लोकसभा चुनाव से लेकर पंचायत चुनावों में भी देखने को मिलती है। जहां पर जनता उनके साथ खड़ी दिखाई पड़ती है। मोदी का करिश्माई व्यक्तित्व से जनता काफी प्रभावित है। इसलिए मोदी को हारते हुए वह नहीं देखना चाहते। 2010 में जब जिला और वार्ड स्तर पर चुनाव हुए तो भाजपा जीती। उसका साफ कारण यह था कि आज भी वहां की जनता नरेन्द्र मोदी के शासन को पसंद करती है। मोदी के जीत के करिश्में का सिर्फ एक और एक कारण है वह है विकास। अगर मोदी विकास की बात नहीं करते तो शायद उन्हें यह जीत नसीब नहीं होती। इसलिए मोदी की तुलना केवल भाजपा के मुख्यमंत्री के तौर पर नहीं बल्कि एक चुनाव जीताऊ शख्सियत के तौर पर भी की जा सकती है।

मीडिया और मोदी

आखिर नरेन्द्र मोदी गुजरात विधानसभा चुनाव जीतकर तीसरी बार मुख्यमंत्री बनने का सौभाग्य प्राप्त कर चुके हैं। चुनाव जीतना था इसमें कोई दो राय नहीं थीं। लेकिन इतना बड़ा अंतर होगा इस पर जरूर एक प्रकार से बहस सी देखी गई। चुनाव जीतने से पहले और बाद में हर तरफ मोदी के नाम को लेकर चर्चा होती रही। ऐसा लग रहा था कि यह विधानसभा चुनाव भा.ज.पा. और कांग्रेस के बीच नहीं बल्कि मोदी बनाम अन्य के बीच लड़ा जा रहा था। कांग्रेस एक तरफ, बसपा एक तरफ, निर्दलीय बागी एक तरफ तो मोदी एक तरफ। लेकिन मोदी को अपनी जीत का पक्का भरोसा था। उन्होंने कभी यह नहीं जाहिर होने दिया कि इतना विरोध है और वह चुनाव नहीं जीत सकते। उन्होंने हमेशा अपने हौसलों को बुलंद रखा और एक तरह से यह बताने की चेष्टा करते रहे कि गुजरात की जनता उनके साथ है।

चुनाव प्रचार के क्रम में विपक्ष के सभी नेताओं के एकमात्र निशाना मोदी थे। वहां भा.ज.पा. निशाने पर नहीं थी। यह सवाल बड़ा ही गूढ़ है कि एक राष्ट्रीय दल दूसरे राष्ट्रीय दल के खिलाफ नहीं बल्कि एक व्यक्ति के खिलाफ मैदान में थी। कांग्रेस अध्यक्ष सोनिया गांधी हों या फिर प्रधानमंत्री मनमोहन सिंह, सबके निशाने पर बस मोदी। आखिर ऐसा क्यों था? मीडिया विश्लेषकों की अपनी राय थी कि ऐसा इसलिए है कि वहां मोदी के अलावा किसी की नहीं चल रही थी। लेकिन मोदी ने जीत का परचम लहराने के बाद जो वक्तव्य दिया वह आम आदमी के कानों में गया और आम आदमी ने समझा कि यह मोदी की पीड़ा है और इस पीड़ा को हमने समझकर जो फैसला लिया था वह सही है। गुजरात की जनता ने मोदी की भावनाओं का पूरा ख्याल रखा। विरोध के बावजूद सफलता हाथ लगी। इसमें कोई दो राय नहीं हैं कि राष्ट्रीय अंतर्राष्ट्रीय मीडिया ने जीत का पूरा श्रेय केवल मोदी को दिया। वहां न तो भा.

ज.पा. थी और न लालकृष्ण आडवाणी, न ही राजनाथ सिंह और न ही अरुण जेटली, थे तो केवल मोदी। मीडिया में मोदी का ऑपरेशन अलग-अलग तरीके से किया गया। किसी ने जीत को प्रभावशाली बताया तो किसी ने मोदित्व के परचम को लहराया। किसी ने मोदी की आलोचना की तो किसी ने निष्पक्ष भाव से इस पूरे प्रकरण पर नजर डाली।

प्रभात खबर में गुजरात के गणित शीर्षक में वरिष्ठ पत्रकार हरिवंश ने लिखा है कि भारी बहुमत से गुजरात जीत के बावजूद 2002 के गुजरात दंगे मोदी का पीछा नहीं छोड़ने वाले। क्योंकि तत्कालीन प्रधानमंत्री अटल बिहारी वाजपेयी के शब्दों में ही, 'मोदी ने तब राजधर्म का निर्वाह नहीं किया था, पर 2007 में हुए गुजरात चुनावों का एजेन्डा नरेन्द्र मोदी ने 2002 में हुए गुजरात चुनावों में मिली जीत के बाद ही तय कर लिए थे। विकास, गुजरात गौरव और स्वाभिमान के सवालों पर उन्होंने राजनीति शुरू की। लेकिन कांग्रेस 2007 के गुजरात चुनाव, 2002 में हुए गुजरात चुनावों पर ही लड़ना चाहती थी। वह भी आधे मन से। कहीं सोनिया गांधी ने मोदी को मौत का सौदागर कहा, कहीं महासचिव दिग्विजय सिंह ने मोदी को नई उपाधि दी। पर यही कांग्रेस दिग्गज दिल्ली में अपनी इन बातों-आरोपों से भी मुकर गए। इससे संकेत गया कि कांग्रेस के दिग्गजों के पास मोदी या गुजरात चुनावों के लिए न ही मुद्दे हैं, न नया एजेन्डा। कांग्रेस को लगा कि राहुल गांधी का 'रोड शो' कराकर वह चुनाव जीत जाएगी। मानो यह फैशन परेड हो। कांग्रेस भूल गई कि जवाहरलाल जी या इंदिरा गांधी जी के जादू लोगों के सिर चढ़कर बोलता था, पर राहुल गांधी या प्रियंका गांधी महज पारिवारिक विरासत की पूंजी पर कामयाब नहीं होने वाले। न सोनिया जी को संवेदना की पूंजी का लाभ लंबे समय तक मिलेगा। हाल में उत्तर प्रदेश के चुनावों ने यह संकेत दिया था। गुजरात ने इसको पुष्ट कर दिया।

श्री हरिवंश ने आगे लिखा है। ''गुजरात में बहुत पहले ही नरेन्द्र मोदी ने बदलते समाज के बदलते मानस को पहचान लिया। वह गुजरात को सर्वोच्च, सर्वश्रेष्ठ और सबसे आगे ले जाने में रम गए। विकास, राजनीति का नया मुद्दा, मुहावरा या मोहरा बन रहा है, यह मोदी ने पहचान लिया। वह शुरू से ही गुजरात को अव्वल बनाने में लगे। इसका परिणाम हुआ कि राजीव गांधी फाउंडेशन ने गुजरात को विकसित राज्य का सर्टिफिकेट दे दिया। सोनिया गांधी इसकी चेयरमैन थीं। यह कांग्रेस के लिए अजीब स्थिति थी। कांग्रेस की

राजनीति राजीव गांधी फाउंडेशन के विद्वान अर्थशास्त्रियों की ईमानदार तथ्यपरक टिप्पणी से मेल नहीं खाती थी।'' वे लिखते हैं, ''नरेन्द्र मोदी ने 2002 में सत्ता में आते ही अपना एजेन्डा बदल दिया। वह तब से ही गौरवमय गुजरात, स्वाभिमानी गुजरात और सुशासित गुजरात की बात करने लगे। एक चतुर राजनीतिज्ञ की तरह मोदी ने अपने ऊपर हुए हमले को गुजरात के स्वाभिमान से जोड़ दिया। अंग्रेजी प्रेस के बारे में उन्होंने कहा कि इन्हीं लोगों और इसी लॉबी ने सरदार पटेल को प्रधानमंत्री नहीं बनने दिया। उन पर जितने व्यक्तिगत हमले हुए उन सबको गुजरात के सम्मान पर हमला बताया।''

श्री हरिवंश ने साफ तौर पर लिखा कि उदारीकरण के कारण लोगों में हुए परिवर्तन से मोदी ने अपनी राजनीति जोड़ी, आकांक्षाओं के विस्फोट से भारतीय समाज गुजर रहा है। किसी ने सही कहा है कि यह जन आकांक्षाओं का विस्फोट नहीं जन 'टाइड' का दौर है। मोदी ने इस मामले में गुजराती लोगों की नब्ज को पहचाना और अपनी राजनीति को इससे जोड़ा। यही मोदी की सफलता का कारण है।

बदलते दौर के बारे में श्री हरिवंश ने लिखा कि एक तरफ ग्लोबलाइजेशन की दुनिया है तो दूसरी ओर पहचान की आकांक्षाएं भी हिलोरे मार रही हैं। इसको भी मोदी ने पहचाना और उन्होंने गुजराती स्वाभिमान का नारा दिया। गौर करने की बात है कि पटेल समुदाय को नाराज कर गुजरात में चुनाव जीतना असंभव है। केशुभाई पटेल जैसे दिग्गज नेता, सुरेश भाई मेहता जैसे नेता मोदी से नाराज हुए। ये दोनों पूर्व मुख्यमंत्री रहे हैं। भा.ज.पा. में टिकट बंटवारे को लेकर बगावत भी हुई। संघ भी मोदी से नाराज हुआ, प्रवीण तोगड़िया जैसे समर्थक भी मोदी के खिलाफ कूद पड़े। विश्व हिन्दू परिषद भी आधे मन से मोदी के समर्थन में उतरा। यह मोदी का ही कमाल था कि केशुभाई पटेल के नाराज होने पर भी पटेलों का वोट मोदी के साथ रहा। उधर केशुभाई अकेले हिटलर हटाओ का विज्ञापन छपवाते रहे, उनके समर्थक भाजपा सांसद कांग्रेस का काम कर रहे थे। पटेल मतदाता मोदी के साथ खड़े थे। इसी तरह विश्व हिन्दू परिषद, आर.एस.एस., तोगड़िया किस्म के नेता या संगठन मोदी के आलोचक बन गए। पर मोदी इनके समर्थकों को अपने साथ ले गए। इन सभी सेनापतियों को चुन-चुन कर मोदी ने किनारे किया। पर इन क्षत्रपों की सेनाओं और क्षत्रपों को अपनी ओर कर लिया। ये क्षत्रप मोदी को हराने में लग गए। पर इनके समर्थक मोदी के साथ चले गए। स्पष्ट था कि यह चुनाव मोदी ने

अपनी शर्तों और अपने द्वारा विकास के उठाए मुद्दों पर लड़ा। मोदी आगे थे, भा.ज.पा. पीछे थी। कांग्रेस ने आधे मन से घेरने की कोशिश की। गुजरात दंगों में मोदी की विफलता को साहस के साथ खुलकर उजागर नहीं किया। इससे अपनी सैद्धान्तिक दृढ़ता का परिचय कांग्रेस नहीं दे पाई। वह भा.ज.पा. के बागियों को टिकट देकर और बीजेपी के दो पूर्व मुख्यमंत्रियों के अपरोक्ष समर्थन से चुनाव जीतने की रणनीति बनाने लगी। यह रणनीति कारगर नहीं हुई। यह कांग्रेस के लिए राष्ट्रीय स्तर पर झटका है। फिलहाल अब वह केन्द्र में अपनी सरकार के साथ छेड़छाड़ नहीं चाहेगी।

हिन्दुस्तान ने अपने संपादकीय **'गुजरात का फैसला'** में लिखा है, जैसे कि आम तौर पर कयास लगाए जा रहे थे, नरेन्द्र मोदी विधानसभा चुनाव जीत चुके हैं। जो बात आम कयास के विपरीत गई है, वह जीत का अंतर है। सब यह मान रहे थे कि मोदी जीतेंगे जरूर। लेकिन बहुत थोड़े बहुमत से। जीत का यह अंतर संभवत: मोदी के कट्टर समर्थकों के लिए भी अप्रत्याशित है। इसका अर्थ यह नहीं कि मोदी के खिलाफ गुजरात में असंतोष नहीं था। विपक्षी कांग्रेस के अलावा उनकी पार्टी के ही प्रमुख नेता, राष्ट्रीय स्वयंसेवक संघ और विश्व हिन्दू परिषद, सब उनके खिलाफ थे, लेकिन इस परिणाम से यह लगता है कि चूंकि ये सारी विरोधी ताकतें कोई संयुक्त रणनीति बनाकर नहीं लड़ रही थीं, इसलिए मोदी का सुव्यवस्थित और आक्रामक अभियान इन सब पर भारी पड़ा। कांग्रेस ने सैद्धान्तिक और संगठनात्मक दृष्टि से किसी निश्चय और रणनीति का परिचय नहीं दिया। अगर लोग उसे जिताना भी चाहते, तो कांग्रेस ने ही ऐसा नहीं लगने दिया कि वह चुनाव जीतना चाहती है। जो संगठन शुरू से ही अपनी पराजय निश्चित मानकर रण में उतरा हो, उसके लिए सबसे बड़ा ईनाम यही हो सकता है कि उसकी हार बहुत बड़ी न हो। लेकिन कांग्रेस को यह सौभाग्य भी हासिल नहीं हुआ।

भा.ज.पा. के असंतुष्ट नेता और संघ परिवार के असंतुष्ट घटक भी असमंजस जैसी स्थिति में रहे, जिसका लाभ मोदी को मिला। इन सबके मुकाबले गुजरात की अस्मिता और विकास पर केन्द्रित मोदी के प्रचार को मतदाताओं ने स्वीकार किया। कांग्रेस के लिए यह हार उसी पुराने सबक को दोहराने के लिए है कि जहां भी उसे इस तरह के व्यवस्थित और आक्रामक प्रतिद्वंद्वी का सामना करना पड़ता है, वह बिखर जाती है। अगर उसे गुजरात में अप्रासंगिक नहीं होना है, तो अपनी विचारधारात्मक और संगठनात्मक कमजोरी

से उबरना होगा। धर्मनिरपेक्ष ताकतों को यह सिद्ध करने के लिए विशेष मेहनत करने की जरूरत है कि विकास और धर्मनिरपेक्षता कोई परस्पर विरोधी तत्त्व नहीं हैं, बल्कि स्थायी और कल्याणकारी विकास सबको साथ लेकर ही होता है। भारतीय जनता पार्टी के लिए यह असमंजस की घड़ी है क्योंकि इस विजय के बाद मोदी जितनी बड़ी ताकत बनकर उभरे हैं उससे पार्टी का शक्ति संतुलन एक बार फिर डगमगाएगा। न सिर्फ भा.ज.पा. में बल्कि संघ परिवार में भी फिर शक्ति के समीकरण नए सिरे से बनेंगे। लोकतंत्र में मतदाताओं के फैसले का सम्मान करना अनिवार्य है, लेकिन यह बात रेखांकित की जानी चाहिए कि यह मौका धर्मनिरपेक्ष ताकतों के लिए आत्मविश्लेषण और अपनी कमजोरियों को पहचानने का है।

बी.बी.सी. ने नरेन्द्र मोदी की जीत पर अपनी टिप्पणी व्यक्त करते हुए कुछ इस प्रकार से प्रतिक्रिया दी है, चुनाव प्रचार के दौरान मोदी को अपनी 56 इंच की छाती की शेखी बघारने का खासा शौक था। वो शायद इससे हिन्दू पौरुष से प्रभावित होने वाले अपने मतदाताओं को अपनी तरफ आकृष्ट करना चाहते थे। इस समय तो उन्हें अपना सीना साठ इंच का महसूस हो रहा होगा। उन्होंने पिछले सालों में लगातार सरकार में रहने, पार्टी के असंतुष्टों के विरोध, मुस्लिम विरोधी छवि और अक्खड़ नेता की तोहमत लगने के बावजूद पार्टी को अच्छी जीत दिलाई है।

हर कोई कहता है कि कम से कम भारत में चुनाव विकास के मुद्दे पर नहीं जीते जाते। चुनाव प्रचार के दौरान मोदी को कहते सुना जाता था कि वो इन लोगों को गलत सिद्ध करके दिखाएंगे और ऐसा उन्होंने कर भी दिखाया। भा.ज.पा. प्रवक्ता रविशंकर प्रसाद सवाल उठाते हैं कि जिस नरेन्द्र मोदी के खिलाफ पिछले पांच साल से दुनिया के स्तर पर इतना बड़ा दुष्प्रचार हुआ, उनको लोगों ने अमेरिका का वीजा नहीं देने दिया, संसद की कोई बहस नरेन्द्र मोदी और गुजरात के दंगों के बिना नहीं पूरी हुई, इसके बावजूद नरेन्द्र मोदी को जनता का समर्थन क्यों है?

उनका कहना है कि नरेन्द्र मोदी ने काम किया है, आज अगर ज्योतिर्ग्राम योजना की वजह से गुजरात के हर गांव में बिजली जलती है, हर गांव में स्कूल हैं, डॉक्टर हैं, कंप्यूटर हैं, इंटरनेट हैं। मोदी को ब्रांड मोदी बनाने में नरेन्द्र दामोदर दास मोदी ने खुद बहुत मेहनत की है। बात-बात पर उंगलियों से वी का निशान बना देना, आत्मविश्वास से या कहा जाए अकड़ से भरी चाल, उनके ट्रेडमार्क

आधी आस्तीन के कुर्ते और तंग चूड़ीदार पाजामे, उनकी हर अदा बहुत सोच-समझकर बनाई गई है।

नरेन्द्र मोदी खुद पिछड़ी जाति के हैं लेकिन जिस गान्ची जाति से वे आते हैं वहां से गुजरात की एक फीसदी जनता भी नहीं है। शायद वो पहले अन्य पिछड़ी जाति के नेता हैं जिसे मध्यम वर्ग ने सिर आंखों पर बैठाया है। जाने-माने समाजशास्त्री आशीष नंदी कहते हैं, "पहली बार हिन्दुस्तान का कोई मध्यमवर्गीय नेता निकला जिसकी अपील मध्यवर्ग के बाहर तक पहुंची है। मोदी इसलिए ऊपर आए हैं, इतना बड़ा फैक्टर हो चुके हैं कि हिन्दुस्तान में कुछ लोग उन्हें चाहते भी हैं और कुछ लोग घृणा भी करते हैं। उनके सिद्धान्त, उनका वेश और उनका बात करने का तरीका सभी कुछ मध्यमवर्गीय लोगों के लिए बनाया गया है।"

मोदी से सहमत न होने वाले भी मानते हैं कि वे कामचोर नहीं हैं। सुबह आठ बजे से रात ग्यारह बजे तक वह काम करते हैं और वे ये भी दिखाने में सफल रहे हैं कि कम-से-कम व्यक्तिगत तौर पर वे बेईमान नहीं हैं। ये अलग बात है कि इसके बावजूद उनके विरोधी उनको एक-दूसरे रूप में देखते हैं। कांग्रेस नेता राशिद अल्वी कहते हैं, 'नरेन्द्र मोदी ने जिस तरह से गुजरात के अंदर नरसंहार कराया है, वह उनके चरित्र को भी जाहिर करता है और शायद वही उनका क्रेडिट है और डिसक्रेडिट भी।, नरेन्द्र मोदी ने अभी चुनाव में कहा कि मैं चाहता हूं कि मुझे इतिहास भुला दे लेकिन इतिहास उन्हें कभी नहीं भुलाएगा। वह भुलाए भी नहीं जा सकते। यह सही है कि गुजरात के इस चुनाव में वही एक एजेन्डा थे, चाहे वो भारतीय जनता पार्टी हो या फिर कांग्रेस, फिलहाल लगता है कि गुजरात के लोगों ने उनको 'थम्सअप' कहा है। जिसे करने का खुद उन्हें बहुत शौक रहा है। बी.बी.सी. ने मोदी की जीत पर अखबारों में आलोचना को भी प्रमुखता से स्थान देते हुए लिखा है गुजरात विधानसभा चुनावों में प्रचार के दौरान मुख्यमंत्री नरेन्द्र मोदी की सोहराबुद्दीन मुठभेड़ मामले पर टिप्पणी और फिर इस पर चुनाव आयोग के नोटिस की खबर दिल्ली से प्रकाशित होने वाले अनेक समाचार पत्रों में छाई हुई है और कई अखबारों ने इस पर संपादकीय भी छापे हैं।

जिस तरह से दिल्ली के अखबारों के पहले पन्ने गुजरात चुनाव के रंग से ऐसे रंगे हैं उससे इस खबर के महत्त्व का आभास तो होता ही है। साथ ही समाचार पत्रों के संपादकीयों में कही मोदी को हिदायत तो कहीं उन्हें फटकार

लगाई गई है। हिन्दी और अंग्रेजी के अनेक समाचार पत्रों ने इसे पहले पन्ने पर प्रमुखता से छापा है, अपने संपादकीय में **नवभारत टाइम्स** लिखता है कि 'आखिरकार बात वहीं पहुंच गई, जहां उसे ले जाने से नरेन्द्र मोदी अब तक इनकार कर रहे थे। गुजरात के विकास पुरुष ने इलेक्शन कैंपेन के एकदम आखिरी दिनों में बहस को सांप्रदायिकता के घाट पर उतार दिया हैं, वहीं मोदी के लिए विकास और सांप्रदायिकता के बीच आवाजाही उतनी ही आसान है जितनी टी.वी. चैनल को बदलना।

जनसत्ता ने भी इसे मुख्य समाचार बनाते हुए हेडलाइन दी है **'मोदी को आयोग का नोटिस'**। कहा, सोहराबुद्दीन पर दिए बयान से बढ़ेगी नफरत। जनसत्ता अपने संपादकीय में कहता है, गुजरात के मुख्यमंत्री नरेन्द्र मोदी ने फर्जी मुठभेड़ में सोहराबुद्दीन के मारे जाने को जायज ठहराकर एक राजनीतिक विवाद को न्यौता दिया है तो दूसरी ओर उनके बयान ने कई संवैधानिक संकट भी खडे किए हैं। चुनाव में भाजपा को फायदा होगा यह तो बाद में पता चलेगा, राष्ट्रीय पार्टी के तौर पर उसकी विश्वसनीयता को भी गहरी ठेस पहुंची है। यही खबर इंडियन एक्सप्रेस, द हिन्दू, हिन्दुस्तान टाइम्स, एशियन एज, द स्टेट्समैन, टाइम्स ऑफ इंडिया और कई अन्य अखबारों में भी पहले पृष्ठ पर प्रमुखता से छपी है।

अंग्रेजी अखबार **टाइम्स ऑफ इंडिया** ने अपने संपादकीय में नरेन्द्र मोदी की कड़ी ओलाचना की है। अखबार ने कई सवाल उठाए हैं, क्या लोकतंत्र का अर्थ केवल समय-समय पर चुनाव कराना ही है। लोगों द्वारा चुने प्रतिनिधियों का लोकतंत्र में क्या आचार हो क्या यह जनता का शासक है या मतदाताओं की नौकर और क्या इनमें वे लोग भी शामिल हैं जिन्होंने सरकार के खिलाफ वोट दिया हो?

नवभारत टाइम्स ने अपने संपादकीय **'मोदी का जलवा'** में पूरे विस्तार के साथ लिखा है कि इस शानदार जीत के लिए नरेन्द्र मोदी के विरोधी भी उनकी तारीफ किए बिना नहीं रह सकते हैं। सन् 2002 के चुनाव को 'अपवाद' माना जा रहा था। गोधरा कांड और गुजरात के दंगों की छाया में हुए वे चुनाव असामान्य थे। लेकिन इस बार हालात काफी कुछ नॉर्मल बताए जा रहे थे। खासतौर से 2004 के संसद पर हमले जबरदस्त असंतोष, हिन्दुत्व संगठनों की नाराजगी और सामान्य हालात जैसी तमाम अनुकूल बातों का फायदा कांग्रेस क्यों नहीं उठा पाई। इसका जवाब भी मोदी की शख्सियत और स्टाइल में ही मिलता

है। मोदी की आक्रामकता, तुर्शी और ठसक खुद उनके साथियों को उनसे दूर कर देते हैं, लेकिन यही बातें उन्हें बहुमत का चहेता बना देती हैं। पब्लिक ताकतवर नेता को पसंद करती है, क्योंकि उसमें उसे अपना रक्षक नजर आता है। सिर्फ सांप्रदायिक लिहाज से ही नहीं, वेलफेयर के नजरिए से भी। इस बात पर विवाद हो सकता है कि गुजरात की शानदार तरक्की में मोदी का कितना हाथ है, लेकिन वे एक विकास पुरुष और गुजरात गौरव की इमेज बनाने में कामयाब रहे हैं। गुजरात उद्यमियों का राज्य है, वहां विकास की राजनीति को समझा जाता है और इस पैमाने पर दमखम वाले नेता की कद्र की जाती है। मोदी को एन.आर.आई. गुजरातियों का सपोर्ट एक बानगी है। दूसरी पार्टियों में ही नहीं खुद बीजेपी में भी ऐसा कोई नेता नहीं, जो इस कसौटी पर मोदी का मुकाबला कर सके। इस विकल्पहीनता ने मोदी की राह आसान की। बीजेपी का खुश होना स्वाभाविक है, लेकिन उत्साह के माहौल में उन उलझनों को छिपाया नहीं जा सकता, जो मोदीत्व ने बीजेपी के भीतर पैदा की है। मोदी की जीत को बीजेपी की जीत मानने के खतरे का एहसास पार्टी को होना चाहिए। कम से कम नेशनल लेवल पर भा.ज.पा. के लिए मोटी स्टाइल की सियासत को आजमाना असुविधाजनक हो सकता है। इसका अनुभव बीजेपी को है और एन.डी.ए. शासन के दौरान वह इन सवालों से उलझ चुकी है। दूसरे राज्यों में भी गुजरात की कहानी दोहराना कतई आसान नहीं होगा। अलबत्ता गुजरात की शिकस्त ने कांग्रेस और उसके साथियों के लिए कहीं बड़े सवाल खड़े किए हैं। उन्हें देश को मध्यावधि चुनाव के कगार पर धकेलने की बजाए अपनी एकता मजबूत करनी होगी, वरना राजनीतिक अनिश्चितता बीजेपी के जोश को दोगुना कर देगी। उन्हें खुद को आर्थिक विकास का झंडाबरदार भी साबित करना होगा। कम से कम इस मामले में मोदी से वे कुछ सीख लें तो कैसा रहे।

दैनिक भास्कर ने अपने संपादकीय **'मोदीत्व का परचम'** में विस्तार से लिखा है कि गुजरात विधानसभा के चुनाव में भारतीय जनता पार्टी की शानदार जीत ने मोदीत्व के परचम को नई बुलंदियों पर पहुंचा दिया है। राजनीति की शतरंज की बिसात पर अपने भरोसेमंद प्यादों से असंतुष्टों के वजीर तक को पीटकर नरेन्द्र मोदी एक राजनेता के रूप में सभी प्रतिस्पर्धियों पर भारी पड़े हैं। विकास और वाइब्रेंट गुजरात के उनके नारों पर भरोसा जताने में मतदाताओं ने कोई कंजूसी नहीं बरती। उनका जादू इस कदर चला कि समाज के कथित नाराज तबकों का समर्थन जुटाने की कांग्रेस की कोशिशें बेअसर रहीं। शहरी

ग्रामीण, आदिवासी, गैर आदिवासी पटेल, गैर पटेल सभी मोदी के समर्थन में खड़े नजर आए। मोदी के कामकाज के तरीके को तानाशाहपूर्ण बताकर उनकी आलोचना करने वालों को भी मतदाताओं ने दो टूक संदेश दे दिया कि सत्ता के गलियारे में होने वाली उठापटक से उनका ज्यादा लेना देना नहीं है। उन्हें मतलब है तो जमीन की राजनीति करने वाले नेताओं से। खुद को शीर्ष नेताओं में शुमार करने का भ्रम पालने वालों को अब पता चल गया है कि उनका दौर गुजर चुका है। भा.ज.पा. और मोदी ने इन चुनावों में तमाम चुनौतियों पर जिस तरह पार पाया उससे दोनों का मनोबल तो बढ़ेगा ही, भविष्य के चुनावों के लिए पार्टी को अधिक धारदार रणनीति बनाने का मौका भी मिलेगा। दूसरी ओर कांग्रेस के लिए ये चुनाव नतीजे बेहद निराशाजनक हैं। वह राज्य में खुद को भा.ज.पा. के विकल्प के रूप में तो पेश नहीं ही कर पाई, मोदी का विकल्प नहीं होने के कारण विधायक दल में नेता चुने जाने की लोकतांत्रिक परंपरा की उसकी दलील भी मान्यताओं के गले नहीं उतरी।

गुजरात चुनावों के बाद मोदी भा.ज.पा. की दूसरी पीढ़ी के सबसे कद्दावर नेता बनकर उभरे हैं। मीडिया का एक वर्ग उन्हें पार्टी द्वारा भविष्य के प्रधानमंत्री बताए जा रहे लालकृष्ण आडवाणी के लिए चुनौती के रूप में देखता है। मगर दोनों के आपसी संबंधों और उनकी उम्र के अंतर को देखते हुए इस कयास का कोई ठोस आधार नहीं है। शीर्ष नेतृत्व पर कुंडली जमाकर बैठे रहना न तो आडवाणी की स्वाभाविक प्रवृत्ति है और न ही उतावलापन मोदी का सहज स्वभाव। हां, मोदी का कद बढ़ना कल तक पार्टी में उनके समकक्ष रहे दूसरी पीढ़ी के नेताओं को जरूर नागवार लग सकता है। वैसे भी यह जरूरी नहीं है कि गुजरात पूरे देश में दोहराया जा सके या फिर मोदी की शैली देश के बाकी हिस्सों में भी कारगर हो। हम इस सच्चाई को नजरअंदाज कर सकते हैं कि आखिर राजनीति में न तो कुछ स्थायी होता है और न कोई स्थायी विजेता ही।

मध्य प्रदेश से प्रकाशित हिन्दी दैनिक '**राज एक्सप्रेस**' ने मोदी की जीत के बाद अपनी अलग-अलग टिप्पणियां लिखीं। राज एक्सप्रेस में **हृदयेश दीक्षित** ने अपनी टिप्पणी करते हुए लिखा कि, मोदी या भा.ज.पा. बड़ा कौन, इसको लेकर दीक्षित अपनी बात को पूरे विस्तार के साथ लिखते हैं, गुजरात में नरेन्द्र मोदी ने भगवा ध्वज फहरा दिया। चुनाव परिणामों ने बड़ा सवाल खड़ा किया है कि भा.ज.पा. की जीत हुई है या नरेन्द्र भाई मोदी की। इस सवाल

का जवाब फिलहाल भले न मिले, लेकिन कांग्रेस नेताओं ने चुनाव प्रचार के दौरान जो सवाल उठाए थे, उसका जवाब गुजरात की जनता ने दे दिया। कांग्रेसियों को सबक मिल गया होगा कि बगैर मुख्यमंत्री प्रोजेक्ट किए (लीडरशिप) और बागियों के भरोसे चुनाव प्रबंधन कर रणभूमि में सुरमा नहीं बनाया जा सकता है। गुजरात के परिणामों ने भाजपा का रूतबा बढ़ाया है और पार्टी की कमान थामे बुजुर्ग नेताओं के चेहरों को दमका दिया, जो उत्तर प्रदेश में मायावती और छत्तीसगढ़-मध्य प्रदेश में उपचुनावों की करारी शिकस्त से मुरझा गए थे। अटल जी के सक्रिय राजनीति से रिटायर होने के बाद प्रधानमंत्री पद के अधिकृत उम्मीदवार लालकृष्ण आडवाणी भले ही यह बात सार्वजनिक रूप से स्वीकार नहीं करें कि मोदी का कद पार्टी से बड़ा है लेकिन यह सवाल पूछा जाएगा कि क्या आडवाणी के गृह प्रदेश गुजरात में नरेन्द्र मोदी का राजनीतिक कद अब उनसे (आडवाणी) बड़ा नहीं हो गया है। गुजरात में विजयी हैट्रिक बनाकर नरेन्द्र मोदी ने उन तमाम सवालों को अनुत्तरित कर दिया, जो खुद उनके अपनों ने खड़े किए थे। भा.ज.पा. की सबसे बड़ी छुपी हुई ताकत माने जाने वाले संघ ने तो खुलेआम मोदी से पल्ला झाड़ लिया था। समूचे गुजरात में भितरघाती ठेंगा दिखा रहे थे। नरेन्द्र मोदी ने गुजरात चुनाव का प्रचार विकास के एजेन्डे को सामने रख शुरू कर किया, लेकिन प्रचार ने जोर पकड़ा और विरोधी दलों ने हिन्दुत्व के तार को ज्यों ही छेड़ा, मोदी ने अपनी पसंदीदा (हिन्दुत्व की) राह पकड़ ली। गोधरा के मर्म को छेड़कर कांग्रेस ने अपने पारंपरिक वोट बैंक को रिझाने का प्रयास किया था और इसी प्रयास में कांग्रेस अध्यक्ष सोनिया गांधी ने मोदी को 'मौत का सौदागर' बताने की बड़ी भूल कर दी क्योंकि मोदी खुद चाह रहे थे कि प्रचार अभियान में हिन्दू, मुस्लिम एजेन्डे को कुरेदा जाए और ऐसा हो गया, जिससे नरेन्द्र मोदी भा.ज.पा. में अटलजी के बाद दूसरे ऐसे मास लीडर बनकर उभरे, जो हिन्दुत्व के विकास की अनिवार्यता को भली-भांति भुना पाए। कल्याण सिंह, उमा भारती इस खेल में पिछड़ गए हैं, लेकिन वसुंधरा राजे, रमन सिंह और शिवराज सिंह चौहान को इस फार्मूले को गंभीरता से समझना होगा। मोदी ने हिन्दुत्व के साथ विकास की अनिवार्यता के मूल मंत्र को स्थापित कर अपनी राजनीतिक काबिलियत को सिद्ध कर दिया। अपनी विचारधारा के साथ-साथ क्षेत्रीयतावाद की राजनीति को एक-दूसरे से परस्पर जोड़ देना किसी सामान्य नेता के बस की बात नहीं है। नरेन्द्र मोदी ने भी गुजरात की साढ़े पांच करोड़ जनता में यह विश्वास कायम

करने में कोई चूक नहीं की है, इसलिए सवाल उठना लाजमी है कि नरेन्द्र मोदी बड़े हैं या भा.ज.पा.?

इसी अखबार में **प्रवीण खारीवाल** ने '**मोदी की जीत के मायने**' शीर्षक में लिखा है कि भा.ज.पा. नेता और वरिष्ठ पत्रकार अरुण शौरी ने कहा था कि गुजरात के मुख्यमंत्री नरेन्द्र मोदी आउटस्टैंडिंग लीडर हैं। गुजरात चुनाव परिणामों से अब अरुण शौरी की यह बात मुहरबंद है कि मोदी आउटस्टैंडिंग लीडर हैं। जो बंदा पार्टी के आलाकमान से बिना किसी मदद के विपक्षी कांग्रेस, बागियों और आनुषंगिक संगठनों के अलावा एंटी इन्कमबेंसी फैक्टर का अकेले दम पर सामना करते हुए ऐसे चुनाव परिणाम अपने पक्ष में निकाल लाए तो इसे उसका करिश्माई नेतृत्व ही कहेंगे। यह जीत बुद्धिजीवियों को भले ही अचंभे में डाले पर कोई बुद्धि अब इस बात से इनकार नहीं कर सकती कि गुजरात के राजनीतिक जनमानस की सबसे अच्छी समझ मोदी को है। गौरतलब है कि मोदी ने अपनी इस समझ पर पूरा यकीन किया। वे जानते थे कि केवल हिन्दुत्व के मुद्दे पर चुनावी वैतरणी पार होना संभव नहीं था। इसलिए उन्होंने विकास कार्यों को जनता के सामने पेश किया। कांग्रेस से दो गलतियां हुईं। पहली, उसने मोदी की सरकार से विद्रोह करने वालों को बिना सोचे समझे टिकट थमा दिए और दूसरी, सोनिया गांधी ने 'मौत के सौदागर' के जिस पत्थर से मोदी की नाव में छेद करना चाहा था वह उन्हीं के लिए बूमरेंग साबित हो गया। मोदी को यह पता था कि बाबरी विध्वंस के बाद भा.ज.पा. को केन्द्र में जो खंडित जनादेश मिला था, उसकी एक बड़ी वजह यह थी कि उस ढांचे को ढहाने में अहम भूमिका निभाने वाले पार्टी के बड़े नेता बाद में अपने इस कारनामे से मुकर गए थे। हालांकि मोदी गोधरा कांड के बाद वाले अपने पराक्रम को गले में हार की तरह लेकर नहीं घूमे, लेकिन उन्होंने उसको विसर्जित भी नहीं किया। इसी को आधार बनाकर पहले उन्होंने अपने तमाम विरोधियों को हाशिए पर धकेला और फिर विज्ञापनों के जरिए गोधरा का भय लोगों को याद दिलाने में कामयाब रहे। गुजरात में भा.ज.पा. की यह लगातार चौथी पारी होगी, यूं समझें कि बाबरी विध्वंस के समय जो बच्चे छह बरस के थे और गोधरा कांड के वक्त जिनकी उम्र 18 बरस या उसके आस-पास थी वे इस चुनाव में मतदाता हो गए थे। जिन्होंने विकास नहीं, बल्कि सिर्फ मोदी की हिन्दुत्ववादी छवि पर अपना भरोसा जाहिर किया है। फिर मोदी ने अपनी नीतियों से गुजरात के व्यवसायियों, महिलाओं और स्वयंसेवी समूहों से सीधा संपर्क किया। मोदी ने

तमाम अड़चनों को पेड़ के फूल पत्तियों की तरह देखा तक नहीं और डाल पर बैठी चिड़िया की आंख की तरह चुनावी लक्ष्य भेद दिया है। अब उनकी इस जीत से आने वाले समय में केन्द्र की यू.पी.ए. सरकार को दिक्कतें आने के पूरे आसार हैं। सरकार के सहयोगी दल कांग्रेस की इस असफलता को उसकी कमजोर नस की तरह दबाने का कोई और मौका और मोह नहीं छोड़ेंगे और इससे कांग्रेस को मनमाफिक सरकार चलाने में परेशानियां आना तय सा है। आने वाला समय काफी दिलचस्प रहने वाला है। सवाल यह है कि क्या अरुण शौरी की दूसरी बात भी सच होगी।

राज एक्सप्रेस ने अपने संपादकीय में '**गुजरात में मोदी राज**' शीर्षक से पूरे विस्तार के साथ रजानीति के दूरगामी परिणाम का आकलन किया है। अखबार लिखता है कि गुजरात की जनता ने एक बार फिर नरेन्द्र मोदी को चुन लिया है। चुनाव के शुरुआती दौर में कहा जा रहा था कि गुजरात के मतदाता नरेन्द्र मोदी को अब शायद ही सत्ता सौंपेंगे, लेकिन जैसे-जैसे समय गुजरता गया, चुनाव मोदी के पक्ष में होता चला गया। राजनीतिक विश्लेषक गुजरात की सत्ता में भाजपा की वापसी को जहां नरेन्द्र मोदी की व्यक्तिगत जीत मान रहे हैं, वहीं कुछ का आकलन यह है कि इससे देश की राजनीति पर दूरगामी प्रभाव पड़ेंगे।

वैसे तो प्रथम चरण के मतदान के पहले से ही लगने लगा था कि गुजरात में भा.ज.पा. की वापसी तय है, फिर भी इसमें कई किन्तु-परंतु मौजूद थे। सोनिया और राहुल की जनसभाओं में जिस तरह से भीड़ उमड़ रही थी, उससे भा.ज.पा. भयभीत थी कि कहीं यह भीड़ मतदान केन्द्रों पर जाकर वोट में तब्दील न हो जाए। राजनीति के ज्ञाता भी मानकर चल रहे थे कि गुजरात की सत्ता भले ही नरेन्द्र मोदी के हाथ लग जाए, लेकिन वह वैसा प्रदर्शन नहीं कर पाएंगे जैसा पहले दो बार कर चुके थे। इसकी एक वजह यह भी थी कि नरेन्द्र मोदी को कांग्रेस से ज्यादा चुनौती भा.ज.पा. के अंदर मिल रही थी। केशुभाई पटेल और कांशीराम राणा जैसे नेता मोदी के खिलाफ मोर्चा खोलकर बैठ गए थे। अखबारों में आए दिन बागी भा.ज.पा. नेताओं की ओर से विज्ञापन जारी होते थे जिनमें नरेन्द्र मोदी को हिटलर के अलावा और न जाने क्या-क्या बताया जाता था। यह बात अलग है कि बाद में उसका खंडन भी किया जाता था। इतना ही नहीं जिन लोगों के टिकट मोदी ने काट दिए थे, वह भी उन्हें हराने के लिए कमर कसकर खड़े हो गए थे। उनमें से कई लोग कांग्रेस तो कई लोग दूसरे

दलों में 'शरणम् गच्छामि' भी हो गए थे और भा.ज.पा. प्रत्याशी के खिलाफ चुनाव मैदान में थे। इन चुनौतियों की वजह से भा.ज.पा. का परेशान होना स्वाभाविक था। अलबत्ता नरेन्द्र मोदी कभी परेशान नहीं दिखे और अपने ही अंदाज में कांग्रेस के एक-एक सवाल का जवाब देते रहे। वहीं भा.ज.पा. के अंदर से मिली चुनौतियों का भी उन्होंने डटकर मुकाबला किया।

अब जबकि तय हो गया है कि गुजरात के मुख्यमंत्री नरेन्द्र मोदी ही रहेंगे। तो इसके कुछ संदेश भी हैं।। पहला, कोई जरूरी नहीं है कि जनसभाओं में जुटी भीड़ वोट में तब्दील हो जाए। दूसरा, जनता नेताओं की अच्छाइयां समझती है और बुराइयां भी। अतः कोई यह मान ले कि वह किसी दूसरे की बुराइयां उभार-उभारकर उसे मतदाताओं की नजर में सचमुच खलनायक बना देगा, तो यह मुगालता ही है। चुनाव के दौरान गुजरात के दंगों के जख्मों को कुरेदने की चेष्टा सेक्युलर दलों, बुद्धिजीवियों और मीडिया ने यदि बार-बार की है तो उसकी वजह यही थी कि ये सब मोदी को खलनायक बनाना चाहते थे। यह ठीक है कि गोधरा के बाद हुए गुजरात के दंगे नरेन्द्र मोदी पर एक दाग हैं पर इसका मतलब यह नहीं है कि अच्छाइयों को दफना दिया जाए। मोदी से पहले गुजरात की गिनती पिछड़े राज्यों में होती थी, आज वह विकास के मामले में 18वें पायदान पर आ गया। गुजरात ही एकमात्र राज्य है, जहां दस साल पहले बनी सड़कें आज भी दुरुस्त हैं। दूसरे राज्यों में नई बनी सड़कों की मरम्मत हर तीसरे महीने होती है। प्रशासन को कैसे काबू में रखा जाता है यह भी दूसरे प्रदेशों के मुख्यमंत्रियों को नरेन्द्र मोदी से सीखना चाहिए। गुजरात के मतदाताओं ने नरेन्द्र मोदी को सराहा है। गुजरात के नतीजे इसी का तो प्रमाण हैं।

वरिष्ठ पत्रकार डॉ. वेदप्रताप वैदिक ने जीत के बाद अपनी टिप्पणी में साफ तौर पर लिखा है कि **जीत के सौदागर हैं मोदी। दैनिक भास्कर** में प्रकाशित टिप्पणी में डॉ. वैदिक ने लिखा है कि कांग्रेस के प्रचार और प्रहार को रद्द करके गुजरात की जनता ने मोदी को महानायक के पद पर प्रतिष्ठित कर दिया है। मोदी अब जीत के सौदागर हो गए हैं। इससे पहले दोबारा जीते हुए किसी अन्य मुख्यमंत्री को इतनी महिमा नहीं मिली जितनी मोदी को मिल रही है। इसमें शक नहीं कि देश के सभी मुख्यमंत्रियों की कतार में मोदी सबसे आगे हो गए हैं। अनेक मुख्यमंत्री ऐसे हैं जिनका नाम भी उनके प्रदेश के बाहर के लोग नहीं जानते हैं। लेकिन मोदी का नाम सोनिया गांधी ने भारत के हर घर में पहुंचा दिया है। दूसरे अर्थ, में मोदी के रूप में हम एक नई परिभाषा

देख रहे हैं, वह है एक अखिल भारतीय मुख्यमंत्री की। तो क्या यह अखिल भारतीय मुख्यमंत्री राष्ट्रीय राजनीति और भाजपा में कोई नई लहर उठाएगा? जहां तक भाजपा में संकट का सवाल है, मोदी अपने नए रूप में भाजपा नहीं, कांग्रेस के लिए संकट बन गए हैं। उत्तर प्रदेश में कांग्रेस बुरी तरह हारी तो कांग्रेसियों ने चूं तक नहीं किया। लेकिन गुजरात की हार वह पचा पाएगी, इसमें संदेह है। यदि कांग्रेस अब अखिल भारतीय पार्टी की तरह बनी रहना चाहती है, तो उसके हौसले आसमान छूने लगते हैं। वह गुजरात कांग्रेस नहीं, कांग्रेस के केन्द्रीय नेतृत्व और केन्द्र सरकार की विजय मानी जाती। गुजरात के बाद सारे भारत में चुनाव होता। अब कांग्रेस पार्टी को कम्युनिस्ट पाटियों को कहना पड़ेगा भारत-अमेरिकी परमाणु सौदा टालना पड़ेगा। उसने अनिश्चितता के बादलों को छांट दिया है।

कुछ टी.वी. चैनलों और अखबारों ने मोदी को हराने की कोशिश की और अब वे उन्हें भाजपा के संकट के तौर पर पेश कर रहे हैं। जहां तक भाजपा का सवाल है, भा.ज.पा. के दूसरी पंक्ति के अनेक नेताओं को मोदी से ईर्ष्या हो, यह स्वाभाविक है। लेकिन मोदी के कारण केन्द्रीय नेतृत्व को कोई खतरा हो सकता है, यह सर्वथा अकल्पनीय है। इसके कई कारण हैं, पहला लालकृष्ण आडवाणी मोदी के कट्टर समर्थक रहे हैं। मोदी की जीत उनके हाथ मजबूत करेगी। दूसरे अगर यह सही है कि मोदी संघ की पकड़ से बाहर हो गए थे तो मानना पड़ेगा कि आडवाणी मोदी की जोड़ी बन गई है। यानी नेतृत्व की ऐसी जोड़ी जो कि स्वायत्त रूप से काम करने के लिए छटपटा रही है, लेकिन यह गलत है। यह संदेश साजिश के तौर पर फैलाया गया है कि मोदी और संघ में 36 का आंकड़ा हो गया है। वास्तव में मोदी संघ के लाडले हैं, लेकिन कुछ स्वयंसेवकों का मोदी विरोधी हो जाना स्वाभाविक ही था क्योंकि वे केशुभाई और सुरेश मेहता आदि बागियों के साथी रहे हैं। भा.ज.पा. के केन्द्रीय नेतृत्व, संघ और मोदी में कहीं कोई दुराव छिपाव नहीं है। तीसरा संघ, भा.ज.पा. और मोदी में फूट की खबर फैलाकर गुजरात के चुनाव जीतने की रणनीति बुरी तरह से मात खा गई है। बल्कि उसका उल्टा असर हुआ है। भाजपा के बागियों और संघ के स्वयंसेवकों को कांग्रेस ने अपने साथ जोड़कर दोतरफा नुकसान किया है। कांग्रेस और बागियों, दोनों की साख गिर गई है। चौथा गुजरात के चुनाव ने भाजपा को गुजरात में तो सशक्त किया ही है, अखिल भारतीय स्तर पर भी उसकी छवि चमका दी है।

भावी प्रधानमंत्री के तौर पर आडवाणी और पार्टी अध्यक्ष के तौर पर राजनाथ सिंह की पगड़ियों में नई कलंगियां चमचमाने लगी हैं। गुजरात की विजय को अलग-अलग खानों में नहीं रखा जा सकता। यह सवाल भी अपने आप में सही नहीं है कि कौन जीता, मोदी या भा.ज.पा.। इसका सही जवाब यह है कि मोदी और भा.ज.पा. दोनों ही जीते। मोदी ने तो पार्टी नेता के रूप में चुनाव लड़ा जबकि केशुभाई और सुरेश मेहता के लोगों ने पार्टी छोड़कर लड़ा। व्यक्तिवादी अभियान तो उनका था। 2002 की जीत का श्रेय सांप्रदायिक तनाव को दिया गया था लेकिन 2007 की जीत का सौदागर कौन है। अगर मोदी नहीं तो कौन? मोदी ने विकास को अपना मुद्दा बनाया था। अगर इसी मुद्दे पर कांग्रेस उन्हें टक्कर देती तो शायद उसे कुछ सीटें और मिल जातीं। लेकिन कांग्रेस के पास नेता और नीति दोनों का अभाव है यह इस चुनाव ने सिद्ध कर दिया। केन्द्र सरकार जिस 10 प्रतिशत आर्थिक प्रगति के गीत गाती है, वही काम मोदी गुजरात में कर रहे थे। खुद केन्द्र सरकार का ध्यान बढ़ती असमानताओं पर नहीं है, गरीबी पर नहीं है, गांवों पर नहीं है। ऐसे में वह मोदी प्रशासन का छिद्रान्वेषण कैसे करती? खुद छलनी सुपड़े में छेद कैसे ढूंढती? कांग्रेस ने पटेलों और कोलियों को पटाने का भी मोहरा चला या परंतु जैसे सांप्रदायिकता का दांव फेल हो गया, वैसे ही जातिवाद की गोटी भी गल गई। दूसरे शब्दों में, गुजरात में भाजपा की विजय स्वस्थ लोकतांत्रिक विजय साबित हुई।

इस घटक का हम गलत अर्थ भी लगा सकते हैं। सबसे गलत निष्कर्ष यही हो सकता है कि अब मोदी बिल्कुल निरंकुश हो जाएंगे। उन पर न तो पार्टी का और न ही संघ का कोई नियंत्रण रहेगा। ऐसा नहीं है। मोदी ने पार्टी नेतृत्व और पार्टी कार्यकर्ताओं की कहीं भी स्पष्ट अवहेलना नहीं की है। जनता में जोश जगाने के लिए उन्होंने खुद को उछाला तो इसमें अनुचित क्या है। मोदी जानते हैं कि भाजपा में व्यक्तिवाद एक सीमा तक ही चलता है। उस लक्ष्मण रेखा को पार करने वाले लोग बलराज मधोक, सकलेचा, कल्याण सिंह और उमा भारती बन जाते हैं। चुनाव तो उन्हें गुजरात की जनता ने जिताया है लेकिन वे मुख्यमंत्री तभी तक रह सकते हैं जब तक कि भाजपा विधायक उनके साथ हैं। इसके अलावा जिन विशेष कारणों और परिस्थितियों के चलते नरेन्द्र मोदी गुजरात के महानायक बन गए हैं, वे सारे भारत में विद्यमान नहीं हैं। गुजरात ने

मोदी को मान लिया, इसका अर्थ यह भी नहीं कि सारा भारत उन्हें मान लेगा। गुजरात, गुजरात है और भारत, भारत। **डॉ. वैदिक** ने पूरे विस्तार से अपनी बात कहते हुए इस बात की ओर इशारा किया है कि ऐसा नहीं है कि मोदी को गुजरात ने मान लिया तो पूरा भारत उन्हें मान लेगा।

दैनिक भास्कर में ही वरिष्ठ राजनीतिक विश्लेषक **नीरजा चौधरी** ने मोदी की जीत का दूरगामी परिणाम बताते हुए कहा कि इसका दूर तक असर होगा। नीरजा चौधरी लिखती हैं कि गुजरात में 2007 में वोटो की लड़ाई के मैदान में नरेन्द्र मोदी अपराजेय होकर निकले हैं। इन्कम्बैसी फैक्टर को धता बताते हुए उन्होंने कमोबेश 2002 की स्थिति बहाल रखी है। न तो भाजपा, संघ और न ही विहिप के एक धड़े में व्याप्त असंतोष उनका कुछ बिगाड़ पाया और न ही साधु-संतों के एक खेमे द्वारा उनके खिलाफ मोर्चा संभालने से उनका बाल बांका हुआ। राज्य में उनका कद पार्टी से ऊंचा हो गया है। लगातार तीन चुनावों में पार्टी को मिले 45 प्रतिशत से ज्यादा वोट दरअसल अब मोदी के वोट हैं। गुजरात के ताजा चुनाव 1971 के लोकसभा चुनावों की याद दिलाते हैं जब इंदिरा गांधी पार्टी ने तंत्र और सिंडीकेट को धता बताते हुए महागठबंधन को चारों खाने चित्त किया था और देवी दुर्गा के रूप में उभरी थी। 2000 के बिहार विधानसभा चुनावों में लालू प्रसाद यादव ने भी कुछ-कुछ ऐसा ही किया था जब उनके सारे विरोधी उनका कुछ नहीं बिगाड़ पाए थे और उनका राजद सभी अनुमानों अटकलों को झुठलाते हुए विजयी रहा था।

संभव है कि मोदी ने खुद भी इतनी शानदार जीत की कल्पना नहीं की हो। कुछ दिन पहले राष्ट्रीय विकास परिषद की बैठक के दौरान दिल्ली में उनसे मुलाकात करने वालों में से कुछ का कहना था कि मोदी के हाव-भाव में पहले जैसा आत्मविश्वास नहीं झलकता था। उन्होंने एक केन्द्रीय मंत्री से यहां तक कहा था कि मैंने अपने स्तर पर कोई कसर नहीं छोड़ी है। हालांकि मेरी ही पार्टी के लोग मेरे खिलाफ मोर्चा संभालते हैं। गुजरात में चुनाव अभियान शुरू होने के बाद से ही बार-बार कहा जाता रहा है कि इन चुनावों का असर गांधीनगर, बडोदरा, राजकोट, मेहसाणा तक ही सीमित नहीं रहेगा। ये चुनाव भा.ज.पा. और कांग्रेस के लिए तो बहुत महत्त्वपूर्ण थे ही, लालकृष्ण आडवाणी और नरेन्द्र मोदी के लिए भी इनकी बहुत अहमियत थी। कांग्रेस की हार से मध्यावधि चुनाव की संभावनाओं पर विराम लग जाना तय है। मौजूदा हालात में कांग्रेस मध्यावधि चुनाव का जोखिम लेकर दिल्ली में अपनी सत्ता के दिन

कम करने का जोखिम कतई नहीं लेना चाहेगी। इन चुनाव नतीजों से भाजपा के आम कार्यकर्ताओं के मनोबल में भी निश्चित रूप से इजाफा होगा। कांग्रेस के लिए मायावती भी खतरे की घंटी बजा रही है। गुजरात के नतीजों का पड़ोसी महाराष्ट्र में भी जरूर असर पड़ेगा। वहां बिखराव के कगार पर खड़े भा.ज.पा. शिवसेना गठबंधन को बनाए रखने में मददगार साबित हो सकते हैं। हालांकि गुजरात के चुनावी रूझान मिलना शुरू होने के फौरन बाद रविवार को एन.सी.पी. सुप्रीमो शरद पवार ने मातोश्री जाकर शिवसेना प्रमुख बाल ठाकरे से मुलाकात करके नई अटकलों को जन्म दिया है। गुजरात में भाजपा की फतह से कांग्रेस और वामदल फिर से करीब आ सकते हैं। वामदल हमेशा जहां मजबूत की बजाए कमजोर कांग्रेस के साथ संबंध रखना चाहते थे, अब वे ऐसे कदम उठाने से परहेज करेंगे जिससे एक हद के बाद कांग्रेस और अधिक कमजोर होती हो। कहा यह भी जा रहा है कि हिन्दुत्व के प्रतीक के रूप में मोदी का उदय केन्द्र में आडवाणी के नेतृत्व के लिए चुनौतीपूर्ण हो सकता है। मगर 2009 या निकट भविष्य में यह संभव दिखाई नहीं पड़ता। हालांकि हिन्दुत्व, विकास, मजबूत और निरंकुश मगर कारगर नेतृत्व को साथ मिलाकर मोदी ने जो अपनी राजनीतिक ब्रांड पेश की है, हो सकता है भा.ज.पा. द्वारा वह मॉडल के रूप में अपना ली जाए। फिर भी मोदी को गुजरात से बाहर भी पार्टी में भीतरी समर्थन जुटाना होगा। अरुण जेटली को छोड़कर दूसरी पीढ़ी के नेताओं में उनका कोई समर्थक नहीं है। निश्चित ही, गुजरात में मोदी को किसी विरोध का सामना अब नहीं करना पड़ेगा। जीत से पहले ही उन्होंने आलाकमान को मजबूर किया कि बागियों को कारण बताओ नोटिस जारी किए जाएं। पार्टी चाहती थी कि केशुभाई पटेल और कांशीराम राणा आदि के खिलाफ कार्रवाई के लिए नतीजे आने का इंतजार किया जाए। आश्चर्य नहीं होगा यदि संघ परिवार और विहिप मोदी से सुलह शांति के प्रयास शुरू कर दें। आखिर मोदी ने स्वयं को हिन्दुत्व का सफल चेहरा जो साबित कर दिया है। वैसे भी सफलता से बड़ा कुछ नहीं होता। अब उनके लिए राष्ट्रीय स्तर पर और भाजपा के सहयोगी दलों के बीच स्वयं को स्वीकार्य बनाना प्रमुख चुनौती है। इस चुनौती से निपटना आसान नहीं है। यही वजह है कि कुछ लोगों का मानना है कि अपने तीसरे कार्यकाल में वे उदार और मेल-मिलाप वाली छवि पेश करने की कोशिश कर सकते हैं। ये लोग इसे मोदी का कांग्रेसी चेहरा भी करार दे रहे हैं।

हाल फिलहाल तो उन्हें राष्ट्रीय राजनीति में कदम रखने के लिए उपयुक्त समय का इंतजार करना होगा। उन्हें यह मौका 2009 में मिल सकता है। जब एन.डी.ए. दिल्ली में सरकार बनाने का प्रबल दावेदार हो, तब तक के लिए तो उन्हें राज्य में अपना प्रभाव क्षेत्र बढ़ाना होगा। ताकि वे अपने गुजरात के विश्वसनीय सांसदों के साथ दिल्ली पर दावेदारी प्रस्तुत कर सकें। गुजरात में 2004 में संपन्न लोकसभा चुनाव के परिणाम से संकेत समझने में मोदी ने देर नहीं लगाई। उस समय कांग्रेस ने 92 विधानसभा क्षेत्रों में बढ़त हासिल की थी जबकि भाजपा को महज 90 क्षेत्रों में ही बढ़त मिली थी। इसके बाद से तो उन्होंने कोई मौका जाया नहीं होने दिया। कांग्रेस गरीब और कमजोर तबके में पनप रहे मोदी के खिलाफ असंतोष को वोटों में नहीं बदल पाई। भाजपा के लिए भी मोदी की जीत कुनैन की गोली ही है। एक तरफ जहां यह जीत अगले वर्ष हिन्दी भाषी क्षेत्रों में होने वाले चुनावी समर के क्रम में ठंडे पड़े पार्टी कैडर में जोश फूंकने का करेगा, वहीं नरेन्द्र मोदी का अकेले अपने दम पर उभरना सामूहिक प्रयासों पर जोर देने वाली पार्टी और संघ के लिए एक अद्‌भुत घटना साबित होगा जिससे उसे ही जूझना होगा। हालांकि इससे इनकार नहीं किया जा सकता कि गुजरात चुनाव ने भारतीय क्षितिज पर एक नए जननेता को स्थापित कर दिया है।

दिल्ली से प्रकाशित हिन्दी अखबार **विराट वैभव** ने अपने संपादकीय '**वोट का सौदागर**' में लिखा है कि गुजरात में नरेन्द्र मोदी ने रच डाला इतिहास। भाजपा को मिले स्पष्ट बहुमत ने साबित कर दिया कि गुजरात के लोग न केवल नरेन्द्र मोदी के क्रियाकलापों से संतुष्ट हैं, बल्कि उन्हें विश्वास है कि गुजरात को विकसित राज्य का दर्जा दिलाने में श्री मोदी की नीतियां कारगर साबित होंगी। लगातार तीसरी बार गुजरात में भा.ज.पा. का परचम लहराने वाले श्री मोदी के लिए इस बार का विधानसभा चुनाव बहुत आसान नहीं था। केशुभाई पटेल की नाराजगी के कारण सौराष्ट्र में भाजपा की डांवाडोल स्थिति समझी जा रही थी लेकिन जब नतीजे आए तो अनपेक्षित रूप से सौराष्ट्र में भा.ज.पा. का चेहरा दमदमाता हुआ दिखा। गुजरात में नरेन्द्र मोदी द्वारा किए गए विकास कार्यों के कारण भा.ज.पा. की स्थिति जमीनी स्तर पर भी मजबूत थी। लेकिन चुनाव प्रचार के दौरान कांग्रेस व संप्रग आलाकमान श्रीमती सोनिया गांधी द्वारा गुजरात प्रशासन के लिए की गई एक टिप्पणी ने ऐसा तूल पकड़ा कि जो चुनाव विकास और विश्वसनीयता के मुद्दों पर लड़ा

जा रहा था उसमें एक जातीय रुझान भी पैदा हो गया और इस जातीय अथवा कथित तौर पर सांप्रदायिक रुझान ने गुजरात की चुनाव की दिशा निर्धारित कर दी। सोहराबुद्दीन के कथित एन्काउंटर का जिक्र यदि गुजरात चुनाव के दौरान नहीं हुआ होता या श्रीमती सोनिया गांधी के तीन शब्द 'मौत के सौदागर' चुनावी फिजा पर नहीं छाए होते तो क्या होता। यह एक काल्पनिक सवाल है लेकिन वास्तविकता यही है कि इन तीनों शब्दों के कारण चुनावी बयार में जो तपिश पैदा हुई उसने गुजरात में अल्पसंख्यक जो महज दो प्रतिशत बताए जाते हैं, उन्हें भी गुजरात में महफूज रहने के लिए बहुसंख्यकों के सहयोग की जरूरत है, इसलिए जल में रहते हुए मगर से बैर नहीं करने की नीति उन्होंने भी अपना ली। अब एक बात यह भी सामने आ गई है कि गुजरात में नरेन्द्र मोदी का कद इतना बड़ा हो चुका है कि भाजपा का प्रत्येक कार्यकर्ता खुद को मोदी का पर्याय मान बैठा है। चुनाव प्रचार के दौरान नरेन्द्र मोदी का मुखौटा लगाए लोगों की भीड़ ने मोदी की लोकप्रियता की पहचान उस वक्त करवाई जब श्री मोदी संघ परिवार का ही नहीं बल्कि विहिप नेता श्री तोगड़िया और भाजपा के बागियों का विरोध झेल रहे थे। मोदी की इस जीत में उनका उग्र हिन्दुत्व ही नहीं बल्कि खुद को गुजरात का प्रतीक बताने में उन्हें मिली कामयाबी का भी बड़ा योगदान रहा। दूसरी तरफ कांग्रेस इस चुनाव में रणनीतिक विफलता का शिकार हो गई। दल की अंदरूनी राजनीति में वर्चस्व की लड़ाई के चलते कांग्रेस गुजरात में नरेन्द्र मोदी के जवाब में कोई कद्दावर व्यक्तित्व सामने नहीं कर पाई। कांग्रेस के लिए गुजरात चुनाव में श्रीमती सोनिया गांधी द्वारा गुजरात सरकार और प्रशासन के लिए कहा गया जुमला 'मौत के सौदागर' का विपरीत प्रभाव पड़ा, जिसने नरेन्द्र मोदी को गुजरात में सबसे बड़ा वोट का सौदागर प्रमाणित करने में उत्प्रेरण का काम किया।

टाइम्स ग्रुप द्वारा प्रकाशित **सांध्य टाइम्स** में ललित वत्स ने लिखा कि 'मोदी तो जीते बीजेपी जीतेगी'। वत्स ने लिखा है कि जो जीता वही सिंकदर, सदियों से चली आ रही यह कहावत गुजरात के लिए भी सही बैठती है। लेकिन क्या मोदी मंत्र के जरिए सिकंदर बन रही बीजेपी को फिर से देश की बागडोर भी मिल जाएगी। इस पर अलग-अलग राय है। कई जानकारों का कहना है कि गुजरात में नरेन्द्र मोदी की जीत ने बीजेपी को नई आशा दी है। देश भर में उसके कॉडर को ऑक्सीजन मिली है। संघ के अंकुश को पूरी तरह मानने की मजबूरी को राहत मिली है। एन.डी.ए. में बीजेपी के सहयोगी दलों को भी साथ ही रहने का खामोश संदेश मिला है। मिलजुलकर लोकसभा के

लिए तैयारी करने और बढ़ने का मौका मिला और वक्त मिला है। यू.पी.ए. और एन.डी.ए. में ज्यादा फर्क नहीं समझने वाले, यानी कभी इधर, कभी उधर रहने वाले दलों को भी न्यौता मिला है। इसलिए यदि लालकृष्ण आडवाणी ने गुजरात के नतीजों के तुरंत बाद यह कहा है कि अब मध्यावधि चुनाव नहीं होंगे तो स्वाभाविक ही है उनके कथन के मूल में यह है कि कांग्रेस, यू.पी.ए. और लेफ्ट बीजेपी के डर से फिलहाल चुनाव में जाना नहीं चाहेंगे।

श्री आडवाणी तराशे, मंझे, आंदोलनों को जन्म और मोड़ देने वाले नेता हैं। उनका आकलन सही है, तो मोदी की जीत ने बीजेपी की तरह कांग्रेस को भी कम ऑक्सीजन नहीं है। केन्द्र में कांग्रेस की सरकार गिरने का खतरा मोदी की वजह से टल गया है। बीजेपी के डर से यदि लेफ्ट परमाणु करार के मुद्दे पर अपने स्टैंड से पीछे हट जाता है, तो यकीनन केन्द्र की सरकार नहीं गिरेगी। लेकिन क्या इतना आगे निकल चुका लेफ्ट एक बार फिर यू टर्न लेकर अपने अस्तित्व को ही खतरे में डालना चाहेगा या कांग्रेस अमेरिका के साथ परमाणु करार पर बढ़ते कदम रोक लेगी? इन सवालों में ही लोकसभा चुनाव का वक्त से पहले होना या न होना छिपा है। आने वाले कुछ दिनों में इस बारे में लेफ्ट के संकेत सामने आ सकते हैं। निष्पक्ष जानकार मानते हैं कि असल में गेम फंसा हुआ है। लेफ्ट को अपने ही घर में पहले की तुलना में सीटें बढ़ने का खतरा है। नंदीग्राम मुद्दे पर सी.बी.आई. जांच चल रही है और तमाम ब्रेव-फेस के बावजूद सी.पी.आई.एम. हिली हुई है। इसलिए सौदेबाजी की गुंजाईश कम नहीं है। दूसरी ओर, हर तरह का खतरा सामने होने के बावजूद कांग्रेस ने गुजरात चुनाव में 'मौत का सौदागर' वाला बयान सोच समझकर ही फेंका है। असल में कांग्रेस इस बयान के जरिए गुजरात को जोखिम में डालकर पूरे देश में अल्पसंख्यकों को एक तरह से एड्रेस कर रही थी, ताकि लोकसभा चुनाव में फायदा मिले। क्या कांग्रेस को इसका फायदा मिलेगा, यह सवाल वैसा ही है जैसे कि बीजेपी की सोच रही है कि गुजरात की जीत का फायदा देश को मिलेगा। यू.पी. से लेकर महाराष्ट्र और दक्षिण तक में अलग ही हालात हैं। मायावती से लेकर कई और तरह के अहम फैक्टर हैं। दल-बदल और नए समीकरण हो सकते हैं। इसलिए इस फंसे गेम में कुछ भी मुमकिन है और सबसे पहले यह मुमकिन है कि लेफ्ट आखिरी सीटी बजा दे।

प्रमुख हिन्दी अखबार '**दैनिक जागरण**' अपने संपादकीय में '**महारथी मोदी**' शीर्षक से मोदी की जीत के मायने बताए हैं। अखबार ने अपने

संपादकीय में लिखा है कि गुजराती स्वाभिमान और गुजरात भाजपा के प्रतीक बनकर उभरे नरेन्द्र मोदी की जीत का राष्ट्रीय महत्त्व है। उनकी जीत ने यह साबित कर दिया कि विकास के बल पर भी चुनाव जीते जा सकते हैं और वह भी तब जब विरोधियों की गिनती करना मुश्किल हो। नरेन्द्र मोदी का विरोध विपक्षी राजनीतिक दलों के साथ-साथ स्वयं उनके दल के अनेक लोगों द्वारा किया जा रहा था और इन असंतुष्टों की संख्या अच्छी खासी थी। नरेन्द्र मोदी को पराजित करने के लिए केवल कांग्रेस ने एड़ी चोटी का जोर नहीं लगाया था, बल्कि खुद को पंथनिरपेक्षता और मानवाधिकारों का अगुआ बताने वाले लोगों ने भी अपने-अपने स्तर पर भरसक प्रयास किए। इन प्रयासों के तहत नरेन्द्र मोदी को तरह-तरह से लांछित किया गया। आश्चर्य नहीं कि ऐसे चुनावी प्रचार ने मतदाताओं पर विपरीत असर डाला हो, इसका भी लाभ नरेन्द्र मोदी को मिला हो। जो भी हो इसमें संदेह है कि नरेन्द्र मोदी को खलनायक सिद्ध करने वाले राजनीतिक और गैर-राजनीतिक लोग यह समझने के लिए तैयार होंगे कि पुरानी घटनाओं पर रुदन और दुष्प्रचार की एक सीमा होती है।

गुजरात को 2002 के दंगों के लिए नरेन्द्र मोदी की कोई जवाबदेही नहीं बनती। लेकिन बिना किसी सबूतों के उन्हें खलनायक सिद्ध करने का कोई मतलब नहीं। यह भी कम विचित्र नहीं कि उन्हें लांछित करने के जुनून में यह कहकर उनकी लोकप्रियता का उपहास भी उड़ाया गया कि उनका कद पार्टी से भी बड़ा हो गया है। यदि ऐसा हुआ है जो कि प्रमाणित भी हो रहा है, तो यह निंदनीय बात है। बेहतर हो कि इन चुनाव परिणामों से वे लोग सबक लें, जो नरेन्द्र मोदी के अंध विरोधी बन बैठे हैं। सबक सीखने का काम कांग्रेस को अवश्य करना चाहिए क्योंकि उसने चुनाव प्रचार के दौरान जान बूझकर माहौल को सांप्रदायिक बनाने का कार्य किया और लोगों का ध्यान विकास के मुद्दे से हटाने की कोशिश की। यदि गुजरात को अभी भी सांप्रदायिक शक्तियों के वर्चस्व वाले गढ़ के रूप में चित्रित किया जाता है तो यह दुर्भाग्यपूर्ण ही होगा। नरेन्द्र मोदी की जीत साफ शब्दों में यह बता रही है कि उन्होंने सांप्रदायिक ध्रुवीकरण के जरिए नहीं बल्कि विकास कार्यों के बल पर सफलता हासिल की। नरेन्द्र मोदी की जीत से चिढ़े-कुढ़े और अपनी अहमन्यता पर अड़े लोग इस पर संतोष जता सकते हैं कि इस बार उन्हें 2002 के मुकाबले कम सीटें मिलीं, लेकिन सीटों का अंतर इतना कम भी नहीं कि उनकी लोकप्रियता में क्षरण को तर्कसंगत ढंग से रेखांकित किया जा सके। सच तो यह है कि सत्ता

विरोधी प्रभाव को परे करना कहीं अधिक बड़ी उपलब्धि है। इस उपलब्धि के बाद नरेन्द्र मोदी का कद और अधिक बढ़ जाना स्वाभाविक है, लेकिन अब उनसे यह भी अपेक्षित है कि वह राष्ट्रीय स्तर पर अपनी छवि के निर्माण के लिए प्रयास करें। संभवतः उन्हें अपने तौर-तरीकों में बदलाव करने की जरूरत है। यह इसलिए क्योंकि भाजपा और उसके सहयोगी संगठनों में ऐसे लोगों की संख्या कुछ ज्यादा ही है जो उनसे संतुष्ट हैं।

राष्ट्रीय सहारा ने इस जीत को **बड़ी जीत और बड़ा मायना बताया**। अखबार ने अपने संपादकीय को इसी शीर्षक से लिखा है और कहा है कि चुनावी जीत, जीत होती है, बड़ी या छोटी नहीं। यहां हम गुजरात में मुख्यमंत्री नरेन्द्र मोदी के नेतृत्व में भाजपा को मिली जीत को बड़ी चीज कह रहे हैं तो सिर्फ इसलिए नहीं कि भा.ज.पा. वहां लगातार चुनाव दर चुनाव जीत रही है और दो तिहाई बहुमत तक हासिल करने में सफल हो जाती है। हम इसे बड़ी जीत इसलिए भी कह रहे हैं क्योंकि कोई माने या न माने, कोई चाहे या न चाहे, इस जीत का राष्ट्रीय राजनीतिक परिदृश्य पर निर्णायक फैसला होने वाला है। चूंकि कांग्रेस की इस चुनाव में हार हुई है और जबरदस्त हार हुई है, इसलिए कांग्रेस के भीतर वह लॉबी जो जल्दी ही मध्यावधि चुनाव कराने के पक्ष में है, अब संयम बरतेगी और सरकार को अपना कार्यकाल पूरा करने देने वालों के रूप में स्वर मिलाएगी।

चूंकि गुजरात की जीत के असर में भाजपा की राष्ट्रीय स्तर पर चुनावी संभावनाओं पर सकारात्मक असर पड़ने की आशंका हो जाएगी, इसलिए वाममोर्चा वाले अब केन्द्र सरकार को रोज हिलाने-डुलाने वाली अपनी ब्लैकमेल की राजनीति से परहेज करेंगे। वे अच्छे समय के इंतजार में केन्द्र सरकार को अपना कार्यकाल पूरा करने देने के बारे में ज्यादा गंभीर होंगे और बात का पूरा अंदेशा है कि वे अमेरिका के साथ हुए परमाणु समझौते पर भी अपना हल्ला-गुल्ला थोड़ा कम कर देंगे। पर गुजरात की इस बड़ी जीत का जो असर खुद भा.ज.पा. पर पड़ने वाला है, वह सबसे रोचक है। भाजपा एक पार्टी के रूप में एक जबरदस्त आंतरिक संघर्ष के दौर से गुजर रही है, इसके बारे में भाजपा वाले जितने भी खंडन जारी करते रहें, पर यह एक ऐसा सच है जिसे सारा देश स्वीकार कर चुका है। वाजपेयी के लगभग रिटायर होने के बाद और आडवाणी के प्रधानमंत्री पद के लिए पार्टी पत्याशी घोषित कर दिए जाने के बाद पार्टी की दूसरी पीढ़ी के नेताओं में भावी नेतृत्व का जो भयानक

संघर्ष चल रहा है, उसके और भी तीव्रतर होने के पूरे खतरे नजर आ रहे हैं। भा.ज.पा. की पूरी पीढ़ी के वे सभी नेता जो खुद को नरेन्द्र मोदी के साथ या विरोध में मानते हैं, मोदी उन सबके लिए बराबर की चुनौती बनकर राजनीतिक क्षितिज पर उभरकर सामने आ गए हैं। अब जब भी भा.ज.पा. की बात होगी और तो आडवाणी के साथ नरेन्द्र मोदी की ही बात होगी।

गुजरात चुनाव परिणाम के बाद राजनीतिक यथार्थ से आंखे चुराने वाले ही ऐसा कहने का साहस संजो पाएंगे कि भा.ज.पा. के भविष्य के नेता या भा. ज.पा. की ओर से प्रधानमंत्री पद के भविष्य के दावेदार नरेन्द्र मोदी नहीं कोई और होगा। इससे जहां एक ओर भा.ज.पा. में खलबली मचनी स्वाभाविक है, वहां स्वयं नरेन्द्र मोदी भी अब अपने व्यक्तित्व और अपनी छवि को लेकर अधिक सावधान होंगे, ऐसा साफ नजर आ रहा है।

अश्विनी कुमार ने **पंजाब केसरी** में लिखा है कि **'मोदी जीते भा.ज.पा. हारी'**, गुजरात के चुनाव परिणाम हमारे सामने हैं। नरेन्द्र मोदी का जादू एक बार फिर चल गया। तीसरी बार मुख्यमंत्री का ताज उनके सिर पर होगा। गुजरात भारत का ऐसा राज्य हो गया जहां चौथी बार भा.ज.पा. का 'कमल' खिला है। कांग्रेस 1990 के बाद गुजरात में सत्ता से छिटकी हुई यानी अब उसे पांच वर्ष और इंतजार करना होगा। यह पराजय कांग्रेस के लिए अत्यंत पीड़ादायक होगी। राष्ट्रीय स्वयंसेवक संघ, विश्व हिन्दू परिषद नेताओं के विरोध के बावजूद मोदी का तिलिस्म छा गया। केशुभाई पटेल, राणा, कथीरिया जैसे असंतुष्ट नेताओं के प्रबल विरोध के बावजूद मोदी विजयी हुए। पूरा चुनाव 'मोदी बनाम मोदी' रहा। कांग्रेस मोदी को निपटाना चाहती थी। लेकिन मोदी मध्य गुजरात में कुछ सिमटे जरूर लेकिन निपटे नहीं।

पिछले लोकसभा चुनावों में अटल-आडवाणी का 'इंडिया शाइनिंग, फील गुड फैक्टर' नहीं चला। लेकिन मोदी का 'जीतेगा गुजरात' काम कर गया। कांग्रेस का 'चक दे गुजरात' का नारा नहीं चला। मध्य गुजरात में भले ही कांग्रेस को लाभ जरूर मिला लेकिन इससे उसे सत्ता तक पहुंचने में कोई मदद नहीं मिली।

गुजरात के चुनाव परिणामों का मूल्यांकन करने पर एक बात स्पष्ट हो जाती है कि मोदी इस बार अपने शासन की उपलब्धियों तथा केवल अपने दम पर चुनावी मैदान में थे। अटल बिहारी वाजपेयी गुजरात में प्रचार करने गए ही नहीं। उन्होंने तो मोदी के पक्ष में अपील जारी करने से इंकार कर दिया था। काफी दबाव के बाद उन्होंने गुजरात के मतदाताओं के नाम अपील जारी की

थी। गृह राज्य होने के नाते आडवाणी के अपने हित हैं, वे जरूर प्रचार करने में जुटे हुए थे। लेकिन गुजरात में आडवाणी नहीं बल्कि मोदी के मुखौटे ही छाए हुए थे। इसमें कोई संदेह नहीं कि गुजरात में मोदी का विकास का नारा दमदार रहा। मोदी के शासन में गुजरात में हर क्षेत्र में विकास हुआ। उसकी सराहना तो कांग्रेस की पत्रिका में भी की गई थी। भा.ज.पा. भले ही इसे पार्टी या प्रखर राष्ट्रवाद या हिन्दुत्व की जीत बताए लेकिन चुनाव में मोदी ब्रांड ही जीता। संघ और भारतीय जनता पार्टी को करारी हार मिली। इस बार चुनाव में मुद्दा न गोधरा था, न दंगे, इसलिए सांप्रदायिक नीतियों को करारी हार मिली। अगर कांग्रेस जीत जाती तो ऐसा नहीं है कि धर्मनिरपेक्षता की जीत होती। कांग्रेस का तथाकथित चेहरा भी लोग बहुत पहले देख चुके हैं। खेद है कि वह मोदी के कद के ऊपर का कोई नेता खड़ा नहीं कर सकी। अगर कांग्रेस दिग्गजों ने मोदी को 'मौत का सौदागर' और हिन्दू आतंकवादी नहीं कहा होता तो मोदी को मतों का ध्रुवीकरण करने का मौका ही नहीं मिलता। मोदी ने जो कुछ भी कहा था, वह कांग्रेस नेताओं के प्रहार के बाद कहा। अन्यथा इससे पहले उन्होंने चुनावी भाषणों में केवल विकास की बात की, लहलहाते गुजरात की बात की, न हिन्दू की बात की न मुसलमान की बात की, उन्होंने केवल गुजरात में रहने वाले समस्तवासियों के आत्मसम्मान की बात की।

हम गुजरात दंगों के दौरान मोदी सरकार की भूमिका को लेकर उनके विरोधी रहे हैं, लेकिन शायद मोदी को समझ आ चुका था कि 'काठ की हांडी बार-बार नहीं चढ़ती' इसलिए उन्होंने अपनी इस हांडी को विकास की हांडी बना दिया। कांग्रेस की समस्या यह रही कि वह भाजपा के असंतुष्टों का लाभ उठाना चाहती थी। वहां असली कांग्रेस नहीं बल्कि नकली कांग्रेस चुनाव लड़ रही थी। जब तक दिग्गज असंतुष्ट भा.ज.पा के साथ रहे, कांग्रेस की नजर में वे सांप्रदायिक रहे। कांग्रेस से सांठगांठ हो गई थी तो धर्मनिरपेक्ष कांग्रेस को स्मरण रखना चाहिए था कि इन्हीं भाजपा के दिग्गज असंतुष्टों ने उसे चुनावों में करारी मात दी थी। जनता ने असंतुष्टों को दरकिनार कर दिया है। लालकृष्ण आडवाणी को इस बात का आभास हो चुका था कि मोदी की जीत सुनिश्चित है और उनकी जीत उनके कद को बौना कर देगी। इसलिए उन्होंने जोड़-तोड़ कर खुद को प्रधानमंत्री पद का दावेदार घोषित करवा डाला। अब देखा जाए तो नरेन्द्र दामोदर दास मोदी का वजन इतना अधिक हो गया है कि आडवाणी उनके सामने बौने नजर आते हैं। विजय के बाद मोदी की पहली प्रतिक्रिया यह

थी कि "मैं 2001 में मुख्यमंत्री नहीं बना था, मैं सी.एम. था, सी.एम. हूं और सी.एम. रहूंगा क्योंकि मैं कॉमन मैन हूं।" उन्होंने खुद को कॉमनमैन कहकर कांग्रेस के आम आदमी के नारे पर प्रहार किया है। देखना यह है कि भाजपा केन्द्रीय राजनीति में मोदी का इस्तेमाल किस ढंग से करती है। भा.ज.पा. को विकास के नारे को लेकर अपनी नीतियां तय करनी होंगी। प्रधानमंत्री कौन होगा, यह देश की जनता तय करेगी।

राजस्थान पत्रिका में गुलाब कोठारी **'जीता विश्वास'** शीर्षक से अपनी टिप्पणी में कहते हैं कि गुजरात विधानसभा चुनाव में भा.ज.पा. को मिला बहुमत मन में एक प्रश्न खड़ा करता है कि इस जीत को नरेन्द्र मोदी की जीत कहा जाए अथवा सोनिया गांधी की हार। पूरा चुनाव अभियान इन दोनों को केंद्र में रखकर ही चला था। प्रत्याशियों के टिकटों का फैसला भी इन्हीं लोगों के हाथों हुआ था। चुनाव में कांग्रेस ने किसी राष्ट्रीय स्तर के नेता को आगे नहीं किया। इस चुनाव का एक पहलू यह भी देखने को मिला कि पूरी तरह यह चुनाव भा.ज.पा. ने जीता है। नरेन्द्र मोदी ने आर.एस.एस. और विश्व हिन्दू परिषद को जैसे आईना दिखा दिया, प्रवीण तोगड़िया पूरी तरह से बेअसर साबित हुए। दूसरी ओर बड़े-बड़े असंतुष्ट नेता केशुभाई पटेल, काशीराम राणा और सुरेश मेहता प्रभावहीन साबित हो गए।

भा.ज.पा. का पाँच साल का कार्यकाल भी इस जीत के मूल में जाना जाएगा। मोदी ने पानी और बिजली के क्षेत्र में जो कीर्तिमान बनाया उसका अत्यधिक प्रभाव साबित हुआ। आकलन यह भी सिद्ध करेगा कि इस बार मुस्लिम मतदाताओं ने भी भा.ज.पा. को वोट दिया है। कांग्रेस के हाथों में वे अपने को सुरक्षित नहीं मानते। भा.ज.पा. उसी जगह करीब-करीब पहुंच गई है जहां पिछले चुनावों में पहुंची थी। जबकि इस बार न वैसा माहौल ही था न ही वैसी संगठनात्मक एकता। चारों ओर से अपने ही लोग मोदी पर वार भी कर रहे थे। नरेन्द्र मोदी ने चक्रव्यूह का भेदन ही किया है। इसका नारा 'जीतेगा गुजरात' लोगों तक पहुंच गया। मोदी 25 दिसम्बर को शपथ लेकर तीसरी बार मुख्यमंत्री बनें।

कांग्रेस की भूमिका और प्रदर्शन दोनों ही विचारणीय मुद्दे हैं। उसे मंथन करना चाहिए कि इस तरह के परिणाम क्यों आए। पहली बार सोनिया गांधी ने एक ही प्रदेश में लगभग 20 स्थानों पर सभाएं की, नुक्कड़ नाटकों की बागडोर राहुल गांधी के हाथ में थी। प्रदेश कांग्रेस अध्यक्ष स्वयं सोनिया गांधी

के मर्जीदा थे। कहां चूक हुई और क्यों? यह प्रश्न लोकतंत्र की भूमिका के लिए महत्त्वपूर्ण है। कांग्रेस के लिए भले न हो। कांग्रेस यदि भा.ज.पा. को मजबूत विपक्ष नहीं दे पाई तो भा.ज.पा. सरकार स्वच्छंद हो सकती है। सामंती दिखाई पड़ सकती है। सशक्त विपक्ष का होना हर हाल में जरूरी है।

राजस्थान के लिए तो इस चुनाव में अनेक सबक सीखने को है। चुनाव भी दूर नहीं है। कांगेस को भी चुनाव की प्रतीक्षा करना छोड़ देना चाहिए। केवल सोनिया गांधी के बल पर चुनाव नहीं जीता जा सकेगा। भा.ज.पा. को भी एक होकर जनता के लिए कुछ कर देना चाहिए। कुल मिलाकर कह सकते हैं कि भा.ज.पा. सरकार में जनता के विश्वास की जीत हुई है। नरेन्द्र मोदी बधाई के पात्र हैं।

इसी अखबार ने अपने संपादकीय **'मोदी के मायने'** में लिखा है आप कितनी भी आलोचना कर लें, लेकिन मोदी की गुजरात पर पकड़ है। यह बात एक बार फिर साबित हो गई है। मौत के सौदागर का लेबल चिपकाने की कोशिश ने उन्हें वोट के सौदागर में तब्दील कर दिया। आज जब देश में करिश्माई नेताओं की कमी का टोटा होता जा रहा है, मोदी ने साबित कर दिया है कि उनमें वह बात है जिसके चलते वे अपने बल पर पार्टी को चुनाव जीतवा सकते हैं। गुजरात भा.ज.पा. के दिग्गज नेताओं केशुभाई पटेल, सुरेश मेहता और काशीराम राणा के विरोध, विश्व हिन्दू परिषद और राष्ट्रीय स्वयंसेवक संघ की टांग-खिंचाई और गोधरा को लेकर दुनिया भर के मीडिया में काली छवि बनाने की कोशिशों के बावजूद मोदी का इस प्रचंड बहुमत से जीत कर आना साबित करता है कि उन्होंने अपना कद कितना बढ़ा लिया है।

कांग्रेस ने सबसे बड़ी गलती यह की कि मोदी को उनके अखाड़े से बाहर निकालकर लड़ने के बजाए वह खुद उनके अखाड़े में लड़ने चली गई। हालांकि मोदी कहते हैं कि सांप्रदायिक वैमनस्य वाला कोई कार्ड खेलना पहले कांग्रेस ने शुरू किया। वे तो तब तक विकास की ही बात कर रहे थे, जब तक कि उन्हें परोक्ष रूप से ही सही मौत के सौदागर की संज्ञा नहीं दी गई। दरअसल प्रचार के अंतिम चरण में गुजरात के चुनाव को आतंकवाद और सांप्रदायिकता की बहस में उलझाना कांग्रेस की सबसे बड़ी गलती रही। लेकिन क्या मोदी सचमुच हिन्दू कार्ड से जीते? शायद ऐसा मानना काफी हद तक गलत होगा। 1998 में राज्य की कमान संभालने के शुरुआती दिनों में जरूर मोदी को इस तरह के हथकंडों की जरूरत पड़ी हो। लेकिन बाद के सालों में उन्होंने अपनी

छवि को गुजरात की छवि से जोड़कर खुद का कद इतना बड़ा कर लिया कि बाकी नेता और शायद पार्टी भी उनके सामने बौनी हो गई है। सबसे बड़ा सवाल यह है कि गुजरात के बाद क्या? दरअसल गुजरात में भा.ज.पा. या हिन्दुत्व नहीं, मोदी या मोदी की राजनीतिक शैली की जीत हुई है।

मोदी ने गुजरात में हिन्दुत्व और गुजरातीपन का ऐसा रसायन तैयार किया जिसने उन्हें लगभग अजातशत्रु बना दिया। अगले साल पांच राज्यों राजस्थान, मध्य प्रदेश, छत्तीसगढ़, दिल्ली और कर्नाटक में चुनाव होने हैं। क्या इन राज्यों में किसी भी पार्टी के पास मोदी जैसा कोई करिश्माई नेता है, जो खुद के दम पर पार्टी को चुनाव जीता सके? आज मोदी की जीत को भा.ज.पा. भले ही अपने खाते में डाल रही हो लेकिन विडंबना यह है कि पार्टियों की केन्द्रीय राजनीति राज्य स्तर पर किसी भी नेता के कद को इतना ऊंचा उठने ही नहीं देती। मोदी से अब कांग्रेस को ही नहीं भा.ज.पा. राष्ट्रीय स्वयंसेवक संघ और विश्व हिन्दू परिषद को भी डरना होगा। कांग्रेस को इसलिए कि यदि भा.ज.पा. ने लोकसभा चुनाव में मोदी कार्ड चलाने की कोशिश की तो उसकी काट कांग्रेस के लिए मुश्किल होगी और भा.ज.पा. को इसलिए कि गुजरात में करिश्मा दिखाने के बाद बहुत संभव है कि मोदी अब अपने को वहीं तक सीमित रखना न चाहें। चिंता की बात तो आर.एस.एस. और विहिप के लिए भी है। क्योंकि मोदी उनके विरोध के बावजूद अपना झंडा गाड़ने में सफल रहे हैं। यानी वक्त आने पर वे इन संगठनों को भी घुड़क सकते हैं।

राजस्थान पत्रिका में वरिष्ठ पत्रकार **वी.एन. नारायणन** ने **'संप्रग मोदी की शुक्रगुजार हों** शीर्षक में लिखा है कि भारत के लोकतांत्रिक संसदीय इतिहास में यह पहला मौका है जब किसी राज्य का चुनाव किसी एक व्यक्ति विशेष पर केन्द्रित रहा। हालांकि 1977 का लोकसभा चुनाव अपवाद कहा जा सकता है जब भारत की जनता ने इंदिरा गांधी के आपातकाल के विरोध में अपना मत व्यक्त किया था। लेकिन यह विरोध भी मूल्य आधारित ज्यादा था, व्यक्ति विशेष कम। गुजरात विधानसभा का यह चुनाव पूरी तरह मोदी के पक्ष में मतदान करने या उन्हें सत्ता से हटाने पर केन्द्रित था। इस चुनाव में मोदी ने यह पूरी तरह सिद्ध कर दिया है कि वे लोगों में समान रूप से अपने प्रति प्रशंसा का भाव उत्पन्न कराने में सक्षम हैं।

गुजरात में नरेन्द्र मोदी की जीत पर घृणा और प्रेम दोनों तरह की भावनाओं का संयुक्त रूप से प्रभाव पड़ा। सोनिया गांधी ने पूरी तरह खारिज की जाने

वाली टिप्पणी करते हुए उन्हें 'मौत का सौदागर' कहा। इस तनिक सी टिप्पणी ने कांग्रेस को और कमजोर बना दिया। मोदी ने बिना समय गंवाए प्रभावशाली तरीके से इस टिप्पणी को भुनाया और इसे गुजराती जनता का अपमान बताया। मोदी ने अपनी वाक्पटुता से आतंकवाद पर कांग्रेस के नरम रवैये को भी उछाला और कहा कि मोदी की इस भूमि पर आतंकवाद पूरी तरह नदारद है। अब यह सर्वमान्य तथ्य है कि गुजरात में मोदी मतों के विजेता बन गए हैं। एक दूसरा तथ्य जो अस्वीकृत ही है, सोनिया गांधी अकेले गुजरात में ही नहीं बल्कि पूरे देश में कांग्रेस को वोट नहीं दिला सकती। कांग्रेस को अब इस बात की कोशिश करनी चाहिए कि वह भारत के अधिकांश राज्यों में मजबूत गठबंधन सहयोगियों की तलाश करें और यह स्वीकार करे कि वह दूसरे या तीसरे स्थान पर है। गुजरात परिणाम का तत्काल असर यह होगा कि संप्रग के समर्थक मनमोहन सिंह सरकार के समर्थन में ज्यादा एकजुट होंगे। मनमोहन सिंह व उनकी सरकार परमाणु सौदे की दिशा में कदम बढ़ा सकेगी। वामदलों का विरोध अब कम मुखर होगा। अब न तो सोनिया जल्दी चुनाव की धमकी देंगी और न ही वामदल जल्दी चुनावों पर जोर देंगे। नए साल का तोहफा देने के लिए संप्रग को नरेन्द्र मोदी का शुक्रगुजार होना चाहिए। इसका असर पूरे 2008 में रहेगा। इसी तरह गैर भाजपाई या गैर कांग्रेस तीसरे मोर्चे की अब बात नहीं होगी।

संप्रग के बढ़े कार्यकाल का फायदा दो सशक्त घटकों, करुणानिधि की डी.एम.के. व लालू यादव की पार्टी को मिलेगा। इन दोनों की पकड़ ढीली हो रही है। वहीं दूसरी तरफ केन्द्र में भाजपा, कांग्रेस व वाम की तरह ही खुद के बारे में चिंतित रहेगी। भले ही दिल्ली में नेता गुजरात को भाजपा की विचारधारा व प्रदर्शन की जीत करार दें, लेकिन सभी जानते हैं कि गुजरात की जीत एक शख्स की है। भा.ज.पा. को अब यह भी सोचना होगा कि मोदी को राष्ट्रीय परिदृश्य में कहां स्थान दिया जाए। न तो मोदी को पार्टी के शीर्ष नेतृत्व में स्थान के लिहाज से नजरअंदाज किया जा सकता है और न ही गुजरात के बाहर अन्य राज्यों में 'मोदीत्व' को फैलने के परिणाम के रूप में स्वीकार किए जा सकते हैं। आडवाणी व राजनाथ सिंह को मोदी को गुजरात तक सीमित रखने के लिए दलगत रणनीति को नए सिरे से तैयार करना होगा। भा.ज.पा. के युवा मोदी को आदर्श के रूप में देख सकते हैं। मोदी अवधारणा देश की राजनीति में दूरगामी बदलाव ला सकती है। क्या इससे राजग का पुनर्जागरण शुरू होगा और राजनीतिक ताकतों की सीमाओं का पुनर्निर्धारण होगा।

लेखक, वरिष्ठ पत्रकार और समसामयिक विषयों के विशेषज्ञ विनीत नारायण ने **राजस्थान पत्रिका** में अपने लेख **'राष्ट्रीय नेता का उदय'** में लिखा है कि नरेन्द्र मोदी की जीत भा.ज.पा. की जीत नहीं है। यह पूरी तरह एक शख्सियत की जीत है। नरेन्द्र मोदी ने अपनी दूरदृष्टि, कड़ी मेहनत और पक्के इरादे से गुजरात में जीत हासिल की है। भा.ज.पा. के इतिहास में ऐसी जीत पहले कभी हासिल नहीं हुई। मीडिया और आत्मघोषित धर्मनिरपेक्षवादियों को इस जीत ने यह बता दिया कि देश का आम हिन्दू कैसा नेतृत्व चाहता है। इसका अर्थ यह नहीं है कि भा.ज.पा. अब देश में लहर बना देगी या अगला चुनाव मौजूदा संगठन के बल पर जीत जाएगी। रामजन्म भूमि आंदोलन की सफलता के बाद से एक भी मुद्दे पर भा.ज.पा. देश भर के हिन्दुओं को आंदोलित नहीं कर पाई है। कारण साफ है कि उसका नेतृत्व ईमानदारी से उन मुद्दों को लेकर नहीं चला जिनको सामने रखकर भा.ज.पा. ने अपना जनाधार बढ़ाया था।

नरेन्द्र मोदी ने बहुत लंबे अरसे बाद देश के हिन्दुओं को सही नेतृत्व देने की क्षमता का प्रदर्शन किया है। उन्होंने धार्मिक भावुकता के सहारे चुनाव की वैतरणी पार नहीं की बल्कि स्वच्छ प्रशासन व विकास की ठोस पहल करके गुजरात के मुसलमान व्यापारी और उद्योगपति भी मोदी की कार्यप्रणाली के मुरीद बन चुके हैं। इसलिए अब देश भर का हिन्दू नरेन्द्र मोदी को अपना नेता मान रहा है। उन्हें गुजरात के नए सरदार पटेल के रूप में गुजरात में तो पहले ही देखा जा रहा था, अब देश भी इसे मानेगा। इसमें शक नहीं है कि आडवाणी ने मोदी का साथ देकर और उनके विरोधियों को ठंडा करके मोदी की राह से कुछ कांटे बीनने का काम किया है। पर अगर आडवाणी स्वयं को देश का भावी प्रधानमंत्री घोषित करवा कर भा.ज.पा. का नेतृत्व करेंगे, तो शायद वे अगले लोकसभा चुनाव में उल्लेखनीय सफलता प्राप्त न कर पाएं। इसकी बजाए अगर वे राष्ट्रहित और हिन्दू हित में थोड़ा सा बलिदान करते हैं और पहले की तरह मोदी को अपना स्नेह और सहयोग देकर उनके हाथ में भा.ज.पा. की कमान सौंप देते हैं, तो इस बात की पूरी संभावना है कि मोदी अगले लोकसभा चुनाव में भी ऐसी ही शानदार विजय हासिल करके दिखा दें।

मोदी को जितना खतरा अपने विरोधी दलों से है उससे ज्यादा खतरा भा.ज.पा. के ही थके हुए ऐसे तत्त्वों से है। मोदी को अभी लंबा सफर तय करना है। इसलिए उन्हें दिमाग में बर्फ और दिल में आग रखकर अपनी आगे की रणनीति बनानी है। देश और विदेश में रहने वाले अनेक समझदार लोग चाहे

वे उद्योगपति हों, प्रोफेशनल्स हों, राष्ट्र व धर्म की चिंता करने वाले पत्रकार हों या सामाजिक कार्यकर्ता, सभी मोदी की टीम में शामिल होकर भारत को एक महान राष्ट्र बनाने का सपना देख रहे हैं। उन्हें जोड़कर भा.ज.पा. का एक नया संगठन तैयार करने की पहल मोदी को करनी है। संघ परिवार को भी मुक्त हृदय से उन्हें समर्थन व छूट देनी होगी। मोदी की इस जीत से भारत की राजनीति में देश की आत्मा से जुड़ा एक सशक्त नेतृत्व उभर कर सामने आया है जो आने वाले वर्षों में इस देश की राजनीति को नई दिशा देगा।

जिनेश जैन ने **राजस्थान पत्रिका** में **'फिर छाया मोदीत्व का परचम'** में लिखा है कि गुजरात में चुनावी दौरे में एक जगह मुख्यमंत्री नरेन्द्र मोदी का स्टिकर चिपका नजर आया। इसमें लिखा था 'मैं दिन में सपने देखता हूं और इन्हें पूरा करने का माद्दा रखता हूं।' इसकी व्याख्या में दो अर्थ निकाले गए। समर्थकों ने कहा कि यह उनके जबरदस्त आत्मविश्वास का प्रतीक है। विरोधियों ने कहा कि इसमें मोदी का अहंकार है। इन शब्दों को इस चुनाव की तराजू पर तौलें तो वे अकेले ही पूरे आत्मविश्वास के साथ डटे रहे। तमाम प्रतिकूल राजनीतिक हालातों के बावजूद गांधीनगर की अपनी गद्दी सुरक्षित रखने का सपना पूरा कर दिखाया। वर्ष 2002 के विधानसभा चुनाव में उन्हें मिले जनादेश में इस बार थोड़ी टूटन आई है, लेकिन चुनाव की बिसात पर यह कोई ज्यादा मायने नहीं रखती। सबसे महत्त्वपूर्ण यह है कि उन्होंने ऐसे दौरे में अपनी गद्दी सुरक्षित रखी है, जब पिछले सालों में पश्चिम बंगाल को छोड़ देश के किसी भी राज्य में लगातार किसी राजनीतिक दल को सत्ता दोबारा नहीं सौंपी गई है। पिछले चुनाव में भा.ज.पा. की जीत पर माना गया था कि उसे सत्ता में बनाए रखने में गोधरा कांड और उसके बाद के दंगों से राजनीतिक फायदा मिला। मोदी अपनी विचारधारा के अनुरूप बहुसंख्यक हिन्दू मतदाताओं का ध्रुवीकरण करने में कामयाब रहे। इस बार चुनाव के शुरुआत में ऐसा कोई माहौल नहीं था और मोदी भी विकास के मुद्दे को आधार बनाकर प्रचार में उतरे थे। लेकिन चुनाव की तिथि नजदीक आते ही उन्होंने अपनी रणनीति में फेरबदल किया और वे अपनी विचारधारा के अनुरूप सोहराबुद्दीन की मौत, अफजल गुरु की फांसी और आतंकवाद का मुद्दा उठाकर भगवा राजनीति पर लौट आए। इससे चुनाव का माहौल ही बदल गया।

गुजरात के भौगोलिक और ऐतिहासिक परिस्थितियों को देखें तो इसमें भगवा हिन्दुत्व राजनीति का मुद्दा पूरी तरह फिट बैठता है। इस राज्य की

ज्यादातर सीमा समुद्र से सटी है और गुजरे जमाने में यह राज्य भारत का प्रवेश द्वार भी रहा है। मोहम्मद गजनवी जैसे बाहरी शासकों ने यहां कई बार लूटपाट की। इसके अलावा तस्करों को यहां का समुद्री रास्ता मुफीद लगता है। इस तरह की गतिविधियां यहां के शांतिप्रिय लोगों को उद्वेलित करती हैं। यहां स्वामी नारायण जैसे देश के नामी साधु संतों के आश्रम भी हैं। इन सभी बातों में हिन्दुत्व की गहरी जड़े हैं। मोदी ने मतदाताओं की नब्ज को बारीकी से समझा है। जब वे बहुसंख्यक समुदाय के हितों की बात करते हैं तो उनको जबरदस्त समर्थन मिलता है। चुनाव में मोदी के पक्ष में मतदाताओं के ध्रुवीकरण में हिन्दुत्व मुद्दे का महत्त्वपूर्ण योगदान रहा है।

चुनाव में उन्हें अपनी आक्रामक कार्यशैली और साफ छवि का भरपूर फायदा मिला। वे सरकार में रहते हुए पूरे पांच साल मतदाताओं के बीच सक्रिय रहे। सरदार सरोवर बांध की ऊंचाई बढ़ाने का मामला आया तो वे अहमदाबाद में 72 घंटे उपवास पर बैठ गए। वे पांच साल के कार्यकाल में भ्रष्टाचार जैसे आरोपों से अछूते रहे। चुनाव में खासतौर पर शहरी और पढ़ा लिखा मतदाता उनके साथ था। सभाओं में उनका जलवा देखने लायक था। चुनाव मोदी के इर्द-गिर्द सिमट कर रह गया। भा.ज.पा. नाममात्र को थी। भा.ज.पा. में लालकृष्ण आडवाणी और राजनाथ सिंह की चुनावी सभाएं फीकी रहीं, लेकिन मोदी की सभाओं में भीड़ उमड़ती थी ऐसा नहीं था कि इस चुनाव में भाजपा सरकार के खिलाफ सत्ता विरोधी कारक काम नहीं कर रहा था। मोदी ने चुनाव में उतरने से पहले इस कारक को बेअसर करने की ठोस रणनीति तैयार की। इसके तहत उन्होंने उम्मीदवारों के चयन में काफी सतर्कता बरती और 40 से अधिक पार्टी विधायकों के टिकट काट दिए। स्वाभाविक तौर पर ऐसे लोगों का असंतोष भी सामने आना था। उनके खिलाफ एक धड़ा खड़ा हो गया। इनका नेतृत्व सौराष्ट्र में केशुभाई पटेल, कच्छ में सुरेश भाई मेहता, दक्षिण में काशीराम राणा के हाथों में था। केशुभाई की तरफ से मोदी को हराने के लिए अपील जारी होती रही लेकिन चुनाव नतीजों को देखें तो मतदाताओं खासतौर पर लेवा पटेलों ने ही यह फैक्टर बेअसर कर दिया। सौराष्ट्र में मोदी का करिश्मा हावी रहा और वे संभावनाओं से अधिक सीटें लेकर आए। दूसरी ओर, कांग्रेस की स्थिति को देखा जाए तो उसे सबसे बड़ा नुकसान राज्य में मजबूत नेतृत्व का खुलासा नहीं किए जाने का भुगतना पड़ा। वह चुनाव में यह संदेश नहीं दे पाई कि कांग्रेस की जीत होने पर उसका नेतृत्व कौन करेगा। चुनाव में सोनिया गांधी

ही कांग्रेस के प्रचार अभियान का नेतृत्व कर रही थीं। उनकी सभाओं में हालांकि काफी भीड़ उमड़ती थी, लेकिन गुजराती मतदाताओं के सामने सबसे अधिक दिक्कत उनकी भाषा को समझने में होती थी। मोदी गुजराती भाषा में बोलते थे और उनकी बातों का मतदाताओं पर खास असर दिखाई देता था। इसके साथ ही कांग्रेस की प्रचार रणनीति भी गुजरात की जमीनी हकीकत के अनुरूप नहीं बन पाई। उसका चुनावी मूलमंत्र 'चक दे गुजरात' प्रभाव नहीं छोड़ पाया। जबकि मोदी का नारा 'जीतेगा गुजरात' चुनाव में सफल रहा। मोदी की तमाम चुनावी रणनीति गुजरात के मतदाताओं को प्रभावित करने वाली थी। इसका परिणाम रहा कि उन्हें फिर गुजरात की गद्दी का जनादेश मिल गया।

इस जीत के बाद भाजपा जहां जबरदस्त उत्साह में है, वहीं इसके नतीजे कांग्रेस के लिए सबक भी हैं। गुजरात चुनाव का महत्त्व इसलिए भी है कि अगले साल इसके सीमावर्ती भा.ज.पा. शासित राज्यों राजस्थान, मध्य प्रदेश, छत्तीसगढ़ तथा कांग्रेस शासित दिल्ली में चुनाव होने हैं। गुजरात के परिणामों का असर कहीं न कहीं इन राज्यों पर निश्चित तौर पर पड़ेगा।

अमर उजाला में **विद्याशंकर तिवारी** ने अपनी टिप्पणी में लिखा है कि **गुजरात में कौन जीता? भा.ज.पा. या नरेन्द्र मोदी।** इसका सीधा एवं सपाट जवाब है नरेन्द्र मोदी। तमाम कोशिशों एवं दांवपेच के बावजूद कांग्रेस हार गई, इसमें कुछ भी अप्रत्याशित नहीं है। यदि चौकाने वाली कोई बात है तो वह यह कि संगठन, संघ, विहिप व बजरंग दल जैसे संगठनों की नाराजगी के बावजूद मोदी जीते।

गुजरात चुनाव परिणाम से यू.पी.ए. व एन.डी.ए. की राजनीति पर तो प्रभाव पड़ेगा ही, भा.ज.पा. की अंदरूनी राजनीति भी प्रभावित होगी। परिणाम से साबित हो गया है कि फायरब्रांड नेता नरेन्द्र मोदी सब पर भारी पड़े हैं। पार्टी के वरिष्ठ नेता लालकृष्ण आडवाणी, अध्यक्ष राजनाथ सिंह तथा कुछ चुनिंदा नेताओं को छोड़ दें तो गुजरात में राष्ट्रीय नेताओं की दरकार ही नहीं पड़ी। अकेले मोदी दहाड़ते रहे। उन्होंने केशुभाई पटेल, काशीराम राणा, सोमाभाई पटेल और बल्लभभाई कथिरिया जैसे नेताओं की नाराजगी की भी परवाह नहीं की। उमा भारती भी बुलावे का इंतजार करती रह गईं किन्तु आत्मविश्वास से लबालब मोदी ने किसी की जरूरत ही नहीं समझी। यद्यपि आर.एस.एस. की सीधे-सीधे चुनाव में कोई भूमिका नहीं होती। किन्तु काडर के लोग मतदान में मदद तो करते ही हैं, वे भी नाराज बैठे रहे। अन्य हिन्दूवादी संगठन भी आगे नहीं आए। इसके बावजूद मोदी जीते।

इसके बाद यह सवाल उठना स्वाभाविक है कि गुजरात में कौन जीता भा.ज.पा. या मोदी? यह सवाल कहीं न कहीं पार्टी को परेशान कर रहा है। तभी तो अध्यक्ष राजनाथ सिंह को विशेष तौर पर यह कहना पड़ा कि भा.ज.पा. की जीत हुई है। इस जीत के बाद मोदी की भूमिका को लेकर पार्टी में मंथन शुरू हो गया है। चूंकि जीत मोदी की हुई है इसलिए मुख्यमंत्री तो बनेंगे। किन्तु भा.ज.पा. में एक तबके को यह चिंता सता रही है कि मोदी गुजरात से निकलकर राष्ट्रीय राजनीति में कहीं छा न जाएं। अब पार्टी में एक तबका इस बात को लेकर कशमकश में है कि मोदी के बढ़ते कद को कैसे रोका जाए।

इसी अखबार ने अपने संपादकीय **'मोदी का करिश्मा'** में लिखा है कि भा.ज.पा. को गुजरात में इस बार भले ही कुछ सीटें कम मिलीं, लेकिन नरेन्द्र मोदी के नेतृत्व में मिली यह जीत पिछली जीत के मुकाबले कहीं ज्यादा करिश्माई, महत्त्वूपर्ण और दूरगामी है। वर्ष 2002 के विधानसभा चुनाव में भाजपा का मुख्य मुकाबला कांग्रेस से था। लेकिन इस बार तो उसे अपनी पार्टी के बागियों से भी लड़ना पड़ा। भा.ज.पा. के मातृ संगठन में भी नरेन्द्र मोदी को लेकर तीखे मतभेद थे। अगर गुजरात में भा.ज.पा. की नैया डूबती, तो नरेन्द्र मोदी का नेपथ्य में जाना तय था। इस लिहाज से देखें तो मोदी इस बार अपने राजनीतिक जीवन की सबसे मुश्किल लड़ाई लड़ रहे थे। इसलिए चुनौतियों और दुश्वारियों के बीच मिली यह जीत भा.ज.पा. से ज्यादा खुद मोदी के लिए यादगार रहेगी। आलोचक कहेंगे कि हिन्दुत्व और विकास के उसी फार्मूले ने गुजरात में भा.ज.पा. की जीत तय की, जिसके बल पर उसने पिछला चुनाव जीता था। ऐसा कह देना बहुत आसान है, हकीकत इसके विपरीत है। भारतीय राजनीति में अब जब स्थायित्व की कोई गारंटी नहीं है और चुनावों के बाद सरकारों का बदलना करीब-करीब तय हो गया है, तब गुजरात में भा.ज.पा. का एक के बाद एक चुनावों में सत्ता में आना किसी फार्मूले का नतीजा हो सकता है। वहां विकास के नाम पर कोई समझौता नहीं है।

विकास के बाद ही मोदी हिन्दुत्व और साढ़े पांच करोड़ गुजरातियों की अस्मिता का भावुक मुद्दा उठाते हैं। विदेश में रह रही गुजराती लॉबी भी प्रदेश को लेकर भावुक और सक्रिय है। इसका भी गुजरात सरकार को लाभ मिला है। लेकिन भा.ज.पा. को सिर्फ इस वजह से जीत हासिल नहीं हुई। यह विजय नरेन्द्र मोदी के विजन और उनकी कोशिशों का नतीजा है। इस चुनाव का ही उदाहरण लें, तो उन्होंने पचास विधायकों के टिकट काटे और करीब सौ नए

चेहरों को मैदान में उतारा। चुनाव अभियानों में भी उन्होंने दूरदर्शिता का परिचय दिया। सौराष्ट्र की चुनावी सभाओं में उन्होंने सोहराबुद्दीन के बहाने आतंकवाद का जिक्र किया। यह वही इलाका है, जहां मोदी के विरोधी सक्रिय थे। लेकिन 2002 की हिंसा से पीड़ित मध्य गुजरात में उन्होंने केवल विकास की बातें कही थीं। यह संयोग नहीं है कि मध्य और दक्षिण गुजरात में भी भा.ज.पा. को कम सीटें मिली हैं। इन्हीं क्षेत्रों में ठीक-ठाक प्रदर्शन के बल पर कांग्रेस का प्रदर्शन इस बार पिछली बार की तुलना में बेहतर रहा। लेकिन उसकी छवि को जो धक्का लगा है, बढ़ी हुई सीटें शायद ही उसकी भरपाई कर सकें। मोदी पर सोनिया गांधी की टिप्पणी को चुनाव आयोग ने गंभीरता से तो लिया ही, कांग्रेस अध्यक्ष और राहुल गांधी के चुनाव प्रचार के बावजूद पार्टी को कुछ हासिल नहीं हुआ। भा.ज.पा. भी इस चुनावी जीत के बाद वही नहीं रह जाएगी, जो अब तक थी। गुजरात के बाद केन्द्र में सरकार बनाने का उसका ऐलान बेशक जल्दबाजी का नमूना है, लेकिन अब मोदी का कद भा.ज.पा. के कई कद्दावरों से बड़ा हो जाए तो अचरज नहीं। भा.ज.पा. अध्यक्ष अब जिस तरह व्यक्तित्व से पार्टी के बड़े होने की बात कर रहे हैं, उसका मंतव्य यही है।

तरुण विजय पांचजन्य के संपादक ने **अमर उजाला** में लिखा है कि यह विचार और विकास की जीत है' श्री विजय लिखते हैं, गुजरात में नरेन्द्र मोदी तीसरी बार मुख्यमंत्री बनने जा रहे हैं। यह न तो केवल भारतीय जनता पार्टी और उसके पूर्व अवतार भारतीय जनसंघ के इतिहास में अभूतपूर्व है बल्कि भारतीय लोकतंत्र में भी एक असाधारण घटना है। मोदी के नेतृत्व में भा.ज.पा. और हिन्दुत्वनिष्ठ परिवार जीता है। यह सच उन तमाम विश्लेषकों और राजनीति के सेकुलर तालिबान के लिए अवसादकारक हैं, जो अंतिम समय तक गुजरात के सच से मुंह छिपाते हुए यह प्रचार कर रहे थे कि पटेल लॉबी और जनजातीय असंतोष के कारण नरेन्द्र मोदी हार सकते हैं।

वास्तव में गुजरात के चुनाव पूरे देश के परिप्रेक्ष्य में देखे और लड़े गए। इस परिप्रेक्ष्य में हिमाचल प्रदेश के चुनाव पूरी तरह उपेक्षित ही रहे और ऐसा लगा कि मानो देश एक जनमत संग्रह की प्रक्रिया से गुजर रहा हो। इस प्रकार नरेन्द्र मोदी बनाम सोनिया गांधी का चुनावी अखाड़ा प्रचारित हुआ। मीडिया, विशेषकर सेकुलर किस्म के पत्रकार, विश्लेषक और देश बचाने का बोझ अपने कंधे पर ढो रहे कम्युनिस्ट-कांग्रेसी पूरी ताकत के साथ नरेन्द्र मोदी और हिन्दुत्वनिष्ठ परिवार के विरुद्ध अत्यंत अभद्र एवं असभ्य शब्दों का प्रयोग करते

हुए मैदान में उतरे हुए थे। राक्षस, कायर गुंडे, हत्यारे, अपराधी, मौत के सौदागर और इससे भी भद्दी गालियां दी गईं। 'देश बचाना' था, इसलिए सब कुछ दांव पर लगा दिया गया। मगर गुजरात की देशभक्त जनता ने जाली सेकुलरों को ऐसा करारा जवाब दिया है, जो अब लोकसभा चुनाव का रंग, रूप और दिशा भी तय करेगा।

नरेन्द्र मोदी ने चुनाव प्रचार विकास और विचारधारा के मुद्दे पर ही प्रारंभ किया, यह बात उनके कटुतम विरोधी भी मानते हैं। कांग्रेस के पास कहने के लिए कुछ और विषय हो सकता था, पर उसने चुनावी नैया पार करने के लिए सेकुलर नायक सोहराबुद्दीन का दामन थामा और दिल्ली में देशद्रोही अफजल को माफी देने के बाद गुजरात में सोहराबुद्दीन की मौत पर आंसू बहाते हुए मोदी को मौत का सौदागर कह डाला। सोनिया गांधी और राहुल को गुजरात चुनाव की कमान संभालनी पड़ी। यह तथ्य स्वयं में गुजरात प्रदेश कांग्रेस के नेतृत्व का दिवालियापन बताता है।

एक प्रांत की विधानसभा का चुनाव नरेन्द्र मोदी और सोनिया गांधी के बीच लड़ा गया और जब मोदी ने 'मौत के सौदागर' वाले आरोप का उसी भाषा में जवाब दिया, तो कांग्रेस सकपका गई। कहे हुए शब्द वापस लेने की दौड़ शुरू हुई। वास्तव में इस चुनाव में हिन्दुत्वनिष्ठ विचारधारा जीती है और यह सोनिया गांधी की वंशवादी राजनीति के मंसूबे की पराजय का प्रारंभ है।

मोदी गुजरात में भ्रष्टाचार मुक्त प्रशासन, ग्रामीण और शहरी क्षेत्रों के तीव्र विकास, भव्य राजमार्ग, बिजली पानी की आपूर्ति और राजनीतिक स्वच्छंदता एवं कदाचार के विरुद्ध साफ-सुथरे मुख्यमंत्री के रूप में तो उभरे ही, साथ ही आतंकवाद, तस्करी, इस्लामी जेहादी वितंडवाद और सांप्रदायिक विद्वेषजनित हिंसा के विरुद्ध लौह पुरुष जैसी निर्मम और कठोर नीतियां अपनाकर जनता के प्रिय बने। लोगों ने तुलना की कि आम दफ्तरों में पैसों के जरिए काम बंद हो गए, लोगों को बिजली मिलने लगी, नर्मदा का पानी अकालग्रस्त क्षेत्रों को हरा भरा बनाने लगा, सूखी गंदा नाला बनी साबरमती नदी में पानी हिलोरें लेने लगा, देश-विदेश के शीर्षस्थ उद्योगपतियों ने लाखों, करोड़ों रुपए का निवेश कर भा.ज.पा. के शासन में अपना विश्वास जताया और आतंकवादियों को बख्शा नहीं गया।

इन सबकी तुलना में केन्द्र की कांग्रेस सरकार देशद्रोहियों के प्रति नरम दिखी। इतनी की शहीद सुरक्षाकर्मियों के सम्मान में दिए गए वीरता के

अलंकरण भी उनके परिजनों ने वापस कर दिए। सेकुलर प्रेस और सरकार इशरत जहां सोहराबुद्दीन के मरने पर फूट-फूट कर रोई। इशरत जहां का जनाजा तो एक चैनल ने लाइव दिखाया, मानो कोई राष्ट्रीय महापुरुष दिवंगत हुआ हो।

रामसेतु तोड़ने की योजना और राम के अस्तित्व से इनकार ने भी सेकुलर चरित्र उद्घाटित किया। गोधरा में डब्बे में बंद कर निर्दोष हिन्दू स्त्री-पुरुष-बच्चों की हत्या को झूठा सिद्ध करने की सेकुलरवादियों की सोच को सरकार का सहारा मिला और यह देश सिर्फ मुसलमानों के लिए है, ऐसा सरकारी योजनाकारों ने तुष्टीकरण की अपनी नीतियों से जताने का प्रयास किया। सब विशेषाधिकार और आरक्षण केवल सांप्रदायिक आधार पर ही तय किए गए।

जहां एक ओर देश के बड़े मीडिया घराने और कांग्रेस के राजीव गांधी फाउंडेशन जैसे विचार केन्द्र मोदी को देश का सर्वश्रेष्ठ विकासोन्मुख मुख्यमंत्री घोषित कर रहे थे, वहीं इसी के समानांतर मोदी पर अमानुषिक होने के आरोप लगाए गए, जो टिक ही नहीं सकते थे और टिके भी नहीं।

मोदी हिन्दुत्वनिष्ठ देशभक्त जनमानस के प्रतीक बने हैं, जो विकास और राज्य संचालन में किसी भी नागरिक के मजहबी या अन्य आधार पर भेदभाव की विरोधी हैं। सबके साथ न्याय तुष्टीकरण किसी का नहीं और देशद्रोही को बख्शना नहीं, उसके प्रति कठोर निर्ममता। यही चीज देश की जनता भी चाहती है। बिना विचारधारा के नरेन्द्र मोदी का अस्तित्व नहीं और हिन्दुत्व की विचारधारा में जनविकास अनिवार्यतः अंतर्निहित है। यह नरेन्द्र मोदी ने सिद्ध कर दिखाया।

राष्ट्रीय स्वयंसेवक संघ की दैनिक प्रार्थना-सभा में 'सदा वत्सले मातृभूमि' के परम वैभव की कामना हर स्वयंसेवक करता है। भाजपा अध्यक्ष राजनाथ सिंह ने इसको चिह्नित करते हुए ठीक ही कहा है कि मोदी के नेतृत्व में भा. ज.पा. की जीत ने विकास और विचार की जीत रेखांकित की है। अनथक रथयात्री लालकृष्ण आडवाणी ने सोमनाथ से राम रथयात्रा प्रारंभ की थी और मोदी की नीतियों का समर्थन कर पूरे संगठन का बल उनके साथ खड़ा किया था। यह जीत संगठन के प्रबल आधार और नायक के कर्त्तव्य को एक आदर्श के रूप में प्रस्तुत करती है।

गुजरात भारत की राजनीति का भावी स्वरूप बदल देगा और गांधीनगर में फहराता केसरिया दिल्ली को भी अंततः केसरिया करेगा। यह विश्वास प्रबल

हो उठा है। इससे भा.ज.पा. के बाकी मुख्यमंत्री भी सबक लें तो वे भी अपनी स्थिति मजबूत बना सकेंगे। हां, उन कम्युनिस्टों की स्थिति पर सिर्फ तरस ही खाया जा सकता है, जो पश्चिम बंगाल के डगमगाते बुर्ज से सामने खड़ा लाल सन्नाटा देखने को जनता द्वारा मजबूर कर दिए गए हैं।

नरेन्द्र मोदी के मुख्यमंत्री बनने के बाद विभिन्न समाचार पत्रों में टिप्पणियों का प्रकाशन होने के साथ-साथ पाठकों ने भी अपनी प्रतिक्रिया देनी शुरू की। **अमर उजाला** में नित्यानंद सागर ने एक पत्र में लिखा है कि गुजरात के मुख्यमंत्री नरेन्द्र मोदी ने यह कहकर अपना मंतव्य प्रकट कर दिया है कि वह सी.एम. थे और सी.एम. ही रहेंगे। वैसे तो उनकी सरकार फिर से बनना लगभग तय है और उनके सी.एम. के पद पर कोई खतरा नहीं है। लेकिन सी.एम. की जिस ढंग से उन्होंने फुल फॉर्म बताई है, वह उनके मंतव्य की ओर इंगित करता है। पिछले दिनों अफवाह थी कि भा.ज.पा. की ओर से नरेन्द्र मोदी को प्रधानमंत्री का दावेदार पेश किया जा रहा है। बाद में लालकृष्ण आडवाणी का नाम आने पर कहा गया कि मोदी को दबाने के लिए आडवाणी का नाम तत्काल लाया गया। इसके जवाब में उन्होंने कहा कि मैं सी.एम. था और सी.एम. रहूंगा। सी.एम. का मतलब उन्होंने 'कॉमन मैन' बताया। इसका अर्थ यह हुआ कि नरेन्द्र मोदी मुख्यमंत्री रहते हुए भी आम आदमी की सोच रखते हैं। भले ही यह बात सुनने में लुभावनी लगे, लेकिन यह खतरनाक संकेत भी है। पिछले दिनों गोधरा में जो कुछ हुआ, उन सबमें मुख्यमंत्री ने एक मुख्यमंत्री की हैसियत से नहीं बल्कि एक आम आदमी की हैसियत से निर्णय लिए यह दुर्भाग्यपूर्ण है।

जनसत्ता ने अपने संपादकीय में **'गुजरात का किला'** में लिखा है कि चौथी बार लगातार जीत दर्ज कर भा.ज.पा. ने गुजरात के चुनावी इतिहास में रिकॉर्ड बनाया है। मुख्यमंत्री नरेन्द्र मोदी ने चुनावी इतिहास में रिकॉर्ड बनाया है। मुख्यमंत्री नरेन्द्र मोदी के लिए भी यह जबरदस्त कामयाबी है जिनके नेतृत्व में पार्टी ने दूसरी बार सत्ता में वापसी की है। लेकिन उन्हें मिले जनादेश का मतलब यह नहीं हो जाता कि 2002 के दंगों को सही ठहरा दिया जाए। अगर चुनावी सफलता से कड़वी सच्चाइयों पर पर्दा पड़ जाता है तो फिर यह भी कहा जा सकता था कि चारा घोटाला हुआ ही नहीं था या फिर सुखराम ने कभी कोई घपला नहीं किया। हर कोई जानता है कि अनेक आपराधिक पृष्ठभूमि के लोग भी चुनाव जीतते रहते हैं। लिहाजा गोधरा के बाद हुए जनसंहार का कलंक मोदी के माथे पर है और रहेगा। चुनाव नतीजों से जाहिर है कि कांग्रेस भा.

ज.पा. के सामने कड़ा मुकाबला पेश नहीं कर पाई। उसके पास प्रदेश स्तर पर कोई ऐसा नेता नहीं था, जिसका जनाधार हो और जो मोदी की टक्कर में खड़ा हो सके। पार्टी पूरी तरह सोनिया गांधी के करिश्मे पर आश्रित थी। सोनिया गांधी की सभाओं में भीड़ तो खूब उमड़ी और इससे पार्टी की हौसला आफजाई हुई। लेकिन उनके प्रचार अभियान का परिणाम यह भी निकला कि मोदी चुनाव के केन्द्र में बने रहे।

मोदी को मौत का सौदागर कहकर सोनिया गांधी ने गोधरा के बाद हुए जनसंहार की सच्चाई भले ही बयान की हो, मगर चुनावी पंडितों का मानना है कि इस टिप्पणी से भा.ज.पा. को फायदा हुआ। मोदी और उनकी पार्टी को सांप्रदायिक कार्ड खेलने का बहाना मिल गया और फिर उन्होंने इस बात की कोई फिक्र नहीं की कि वे चुनावी संहिता, मानवाधिकारों और सुप्रीम कोर्ट में दिए गए हलफनामे के साथ क्या कर रहे हैं। कांग्रेस से एक और बड़ी रणनीतिक भूल यह हुई कि उसने भा.ज.पा. के बागियों से कुछ ज्यादा उम्मीदें बांध ली। मगर यह ख्याली पुलाव ही साबित हुआ कि ये घर के भेदिए मोदी की लंका ढहा सकते हैं। नतीजे बताते हैं कि जो असंतुष्टों के प्रभाव क्षेत्र कहे जा रहे थे वहां भा.ज.पा. को अच्छी सफलता मिली है। यह तथ्य कांग्रेस के लिए एक सबक है। अलबत्ता कांग्रेस के ग्राफ में कुछ सुधार जरूर हुआ है। पिछली बार की तुलना में उसके खाते में आठ सीटों में बढ़ोतरी हुई है। भा. ज.पा. को एक सौ बयासी सदस्यीय विधानसभा में एक सौ सत्रह सीटें मिली हैं जो सरकार चलाने के लिए अच्छा साबित बहुमत है। हालांकि यह संख्या पिछली बार से दस कम है। मगर इससे भी खास बात यह है कि उसे मध्य गुजरात में नुकसान उठाना पड़ा है। जहां 2002 के जनसंहार की बड़ी घटनाएं हुई थीं।

इन चुनावों से निश्चय ही भा.ज.पा. में मोदी का कद बढ़ा है, उन्हीं के दबाव में पार्टी ने चुनाव संपन्न होते ही गुजरात इकाई के असंतुष्ट नेताओं को कारण बताओ नोटिस जारी कर दिया। यानी मोदी ने बता दिया है कि गुजरात भा.ज.पा. में वही रह पाएगा जो उन्हें रास आएगा। इसलिए हो सकता है कि पार्टी के लिए जश्न का यह अवसर उसके कई जाने-पहचाने चेहरों की विदाई के प्रस्थान बिंदु के रूप में भी याद किया जाए। कांग्रेस अगर गुजरात को फतह कर लेती तो मध्यावधि चुनाव की तरफ कदम बढ़ा सकती थी। लेकिन इन नतीजों ने आगामी लोकसभा चुनावों की रणनीति पर उसे नए सिरे से सोचने के

लिए मजबूर कर दिया है। दूसरी तरफ भा.ज.पा. को लगता है कि राष्ट्रीय राजनीति में भी उसके दिन फिरने वाले हैं। मगर सब कुछ इस पर निर्भर है कि आगामी आम चुनाव के समय कैसा माहौल रहेगा। फिलहाल यह जरूर कहा जा सकता है कि मध्य प्रदेश, राजस्थान, छत्तीसगढ़ जैसे भा.ज.पा. शासित राज्यों में असंतोष बढ़ रहा है। मध्य प्रदेश में तो इस साल हुए सात उपचुनावों में से पांच में पार्टी को पराजय का मुंह देखना पड़ा। लिहाजा, भा.ज.पा. के लिए यही अच्छा होगा कि वह गुजरात के जनादेश को राष्ट्रीय संदेश समझने की भूल न करे।

राष्ट्रीय सहारा में रोशन ने लिखा है कि, **'रोके नहीं रुकने वाले मोदी'**। गुजरात के मुख्यमंत्री नरेन्द्र मोदी की धमाकेदार वापसी भा.ज.पा. की केन्द्रीय राजनीति में हलचल पैदा करेगी। लालकृष्ण आडवाणी की छत्रछाया में आगे बढ़ रहे मोदी अब पार्टी में उन्हीं की जगह लेने को आतुर दिख रहे हैं। उन्होंने पूरे देश में विजय यात्रा निकालने की घोषणा कर अपने इरादे जता दिए हैं। उनका अगला निशाना 2009 का आम चुनाव है। गुजरात चुनाव में जीत को लेकर पूरी पार्टी आज भले ही विचारधारा और संगठन की जीत की तोता रट लगा रही हो लेकिन सच्चाई यह है कि मोदी ने अपने दम पर चुनाव जीता है। उनको अहसास था कि चुनाव हारे तो सामने खाई होगी और जीते तो शिखर पांवों के नीचे होगा। फिलहाल इस जीत ने मोदी को राष्ट्रीय नेता बना दिया। चुनावों से ठीक पहले आर.एस.एस. के लाडले मोदी से संघ परिवार नाराज हो गया था। संघ ने साफ कह दिया था कि वह मोदी के समर्थन में प्रचार नहीं करेगा। विश्व हिन्दू परिषद ने भी मोदी का समर्थन नहीं किया। अलबत्ता आखिरी समय में खानापूर्ति के तौर पर संघ और विहिप की तरफ से मोदी के समर्थन में प्रचार की खबरें आईं। मगर सच्चाई यह थी कि मोदी ने संघ को कह दिया था कि उत्तर प्रदेश वाला प्रयोग यहां नहीं चलेगा। उत्तर प्रदेश में संघ ने एक सीट पर छह प्रचारकों को झोंका था। इसके बाद भी पार्टी की हालत पतली हो गई। मोदी ने विहिप के समानांतर विहिप खड़ी कर दी थी। गुजरात के बड़े नेता केशुभाई पटेल और सुरेश मेहता मोदी के खिलाफ हो गए थे। उन्होंने 51 विधायकों का टिकट काटा और करीब 80 नए चेहरों को चुनाव लड़ने का मौका दिया। इतने बड़े प्रयोग के बाद चुनाव जीतकर मोदी का कद स्वाभाविक तौर पर ऊंचा हो गया है। पार्टी ने लालकृष्ण आडवाणी को प्रधानमंत्री पद का दावेदार घोषित कर दिया है। लेकिन मोदी जानते हैं कि 81

वर्षीय आडवाणी अपने कंधों पर कब तक पार्टी का भार ढो पाएंगे। पार्टी के शीर्ष नेता अटल बिहारी वाजपेयी सक्रिय राजनीति से दूर हो चुके हैं। इन समीकरणों को देखते हुए मोदी को अपना भविष्य उज्ज्वल नजर आ रहा है। इसलिए उन्होंने 2009 के आम चुनाव में केन्द्रीय राजनीति में पदार्पण का लक्ष्य रखा। संभावना व्यक्त की जा रही है कि मोदी गुजरात किसी खड़ाऊ मुख्यमंत्री को सौंपकर दिल्ली आएंगे और आम चुनावों में अपनी सार्थकता सिद्ध करेंगे। उन्होंने स्वयं कह दिया है कि वह देशभर में विजय यात्रा निकालेंगे और 2009 के चुनावों में पूरी क्षमता से प्रचार करेंगे। नरेन्द्र मोदी लालकृष्ण आडवाणी गुट के नेता हैं। आडवाणी की बदौलत उनकी कुर्सी सलामत रही अन्यथा गोधरा दंगों के बाद अटल बिहारी वाजपेयी ने उन्हें हटाने की तैयारी कर ली थी। पक्का इरादा रखने वाले मोदी ने मौके का फायदा उठाकर अपने को एक आइकॉन के रूप में उभार दिया। आज गुजरात की चर्चा मोदी के बिना पूरी नहीं होती।

केन्द्रीय भा.ज.पा. में वह अरुण जेटली, अनंत कुमार और वैंकैया नायडू के साथ खड़े हैं। यह गुट आडवाणी का गुट है। पार्टी अध्यक्ष राजनाथ सिंह अलग-थलग पड़े हैं। उन्होंने मोदी को संसदीय बोर्ड से हटाकर पंगा लिया था। आडवाणी के हस्तक्षेप के बाद जेटली को गुजरात का चुनाव प्रभारी बनाया गया। राजनाथ ऐसा नहीं चाह रहे थे। मोदी और जेटली की जोड़ी ने लगातार तीसरी बार चुनाव जीता है। चुनाव जीतने के बाद मोदी और जेटली की जोड़ी केन्द्र में भी गुल खिलाएगी। फिलहाल भा.ज.पा. अध्यक्ष इस बात से सहमत नहीं हैं। उन्होंने आज कहा कि पार्टी ने आडवाणी जी को प्रधानमंत्री के रूप में पेश किया और राजग के सभी घटक दलों ने उसका स्वागत किया है।

तनवीर जाफरी **इकॉनोमिक एंड पोलिटिकल राजधानी टाइम्स** में लिखते हैं कि **'धर्म निरपेक्ष भारत और नरेन्द्र मोदी'**। जाफरी ने अपनी बात कहते हुए लिखा है कि भारत में यूं तो अनेकों राजनैतिक दल सक्रिय हैं। परंतु भारतीय जनता पार्टी नामक राजनैतिक संगठन इस देश का एकमात्र ऐसा राष्ट्रीय स्तर का राजनैतिक दल माना जाता है जिसकी राजनीति का आधार देश के अल्पसंख्यकों के हितों को नजरअंदाज करते हुए केवल रूढ़िवादी हिन्दुत्ववाद की बात करना तथा इसी सांप्रदायिकतापूर्ण मार्ग पर चलते हुए मतों का संप्रदाय आधारित ध्रुवीकरण कराकर सत्ता को हासिल करना है। भारतवर्ष पूर्ण रूप से भारतीय जनता पार्टी की इस घोर हिन्दुत्ववादी विचारधारा का समर्थन नहीं

करता। इस देश के अधिकांश लोग गांधीवादी नीतियों के परोपकार, सर्वधर्म समभाव के लोगों के साथ परस्पर मिलजुलकर रहने के पक्षधर हैं। इसके बावजूद दुर्भाग्यवश कभी-कभी भारत में ऐसा वातावरण या तो बन जाता है अथवा बना दिया जाता है कि सांप्रदायिकता की आग आंशिक व सामयिक रूप में कहीं न कहीं फैल जाती है। परिणामस्वरूप संप्रदाय की राजनीति करने वालों को सफलता मिल जाती है तथा सांप्रदायिक सौहार्द के पक्षधर चुपचाप असहाय खड़े तमाशा ही देखते रह जाते हैं।

भारत के समृद्ध राज्य समझे जाने वाले महात्मा गांधी की जन्म व कर्मस्थली रही गुजरात की धरती पर पिछले दिनों भारतीय लोकतांत्रिक व्यवस्था के अंतर्गत इसी सांप्रदायिक ध्रुवीकरण का वह परिणाम देखने को मिला जिसने भारत की धर्मनिरपेक्ष शक्तियों को हिला कर रख दिया। गुजरात के मुख्यमंत्री नरेन्द्र मोदी को तीसरी बार राज्य का मुख्यमंत्री चुनकर गुजरात की जनता ने यह स्पष्ट संदेश देना चाहा है कि पूरे देश, पूरी दुनिया अथवा अन्य राजनैतिक दलों की नजर में नरेन्द्र मोदी भले ही एक फांसीवाद, सांप्रदायिक अथवा घोर हिन्दुत्ववादी व्यक्ति क्यों न हों परन्तु इन सबके बावजूद गुजरात की जनता मोदी के नेतृत्व में ही अपना विश्वास व्यक्त करती है। हालांकि गुजरात के ताजातरीन विधानसभा चुनावों में नरेन्द्र मोदी के नेतृत्व में चुनाव में भारतीय जनता पार्टी को गत विधानसभा चुनावों के मुकाबले में 11 सीटें कम प्राप्त हुई हैं तथा कांग्रेस को 11 सीटें अधिक मिली हैं। अर्थात् कहा जा सकता है कि नरेन्द्र मोदी की लोकप्रियता सीटों के लिहाज से कम हुई है। जहां तक मत के प्रतिशत का प्रश्न है उसमें भी भारतीय जनता पार्टी को तुलनात्मक दृष्टिकोण से पहले से कम मत प्राप्त हुए हैं तथा कांग्रेस के मत प्रतिशत में बढ़ोत्तरी हुई है। इन सब आंकड़ों के बावजूद चूंकि संसदीय लोकतांत्रिक व्यवस्था में अधिक सीटें जीतकर लाना तथा सदन में बहुमत के आंकड़े को छू लेना ही जीत की निशानी मानी जाती है। अतः माना जा रहा है कि नरेन्द्र मोदी ने तीसरी बार मुख्यमंत्री के रूप में अपनी शानदार वापसी दर्ज कर ली है।

राजनैतिक टीकाकारों व विश्लेषकों द्वारा गुजरात में नरेन्द्र मोदी की वापसी को अलग-अलग नजरों से देखा जा रहा है। कुछ लोगों का मत है कि महात्मा गांधी के अपने गृहराज्य गुजरात में सांप्रदायिक शक्तियों का मजबूत होना देश की भविष्य की राजनीति के लिए अच्छा संकेत नहीं है। कुछ लोगों का मत है कि नरेन्द्र मोदी की जीत से गुजरात के अल्पसंख्यकों में भय का माहौल

उत्पन्न होगा। स्वयं भारतीय जनता पार्टी के नेताओं ने तो गुजरात चुनाव की जीत से गदगद होकर दिल्ली के सिंहासन के सपने लेने भी शुरू कर दिए हैं। नरेन्द्र मोदी की जीत के तुरंत बाद भारतीय जनता पार्टी के नई दिल्ली स्थित राष्ट्रीय कार्यालय पर तो एक ऐसा विशाल साइनबोर्ड लगाया गया है जिसमें भारतीय जनता पार्टी के प्रमुख केन्द्रीय नेताओं के चेहरे तो छोटे आकार में दिखाई दे रहे हैं, जबकि नरेन्द्र मोदी के चेहरे को सबसे बड़े आकार में दिखाया गया है। इसी के साथ-साथ इसी साईनबोर्ड में स्पष्ट लिखा गया है कि, 'जो हिन्दू हितों की बात करेगा, वही देश पर राज करेगा'।

भा.ज.पा. का हिन्दुत्ववादी राजनीति करना कोई नई बात नहीं है। राष्ट्रीय स्वयंसेवक संघ, भारतीय जनसंघ, विश्व हिन्दू परिषद तथा भारतीय जनता पार्टी आदि एक ही विचारधारा के संगठनों के अलग-अलग नाम हैं जिनकी समय-समय पर भूमिका भले ही बदलती रहती हो परंतु इनके लक्ष्य लगभग एक ही रहते हैं। हां इतना जरूर है कि देश की केन्द्रीय सत्ता पर कब्जा जमाने के लिए भारतीय जनता पार्टी यह महसूस कर चुकी है कि केवल हिन्दुत्ववाद का गुणगान कर तथा देश के अल्पसंख्यकों की अनदेखी कर केन्द्रीय सत्ता हासिल नहीं की जा सकती। इसलिए भाजपा ने समय-समय पर अटल बिहारी वाजपेयी को पार्टी के मुखौटे के रूप में प्रयोग कर यह संदेश देने की कोशिश की है कि पार्टी में वाजपेयी जैसा उदारवादी चेहरा भी मौजूद है। इतना ही नहीं, कुछ नाममात्र मुस्लिम नेताओं को भी पार्टी में महत्त्वपूर्ण स्थान देकर भाजपा ने अपनी धर्मनिरपेक्षता का भी सबूत देने का प्रयत्न किया है। कभी-कभी लोकसभा व विधानसभा चुनावों में अल्पसंख्यकों को नाममात्र पार्टी प्रत्याशी बनाकर भी भा.ज.पा. अपना छद्म उदारवादी चेहरा दिखाने की कोशिश करती रही है। परंतु नरेन्द्र मोदी ने इस बार के गुजरात चुनाव में जो चुनावी रणनीति अपनाई है उससे पार्टी का वास्तविक चेहरा तथा उसके इरादे साफ हो गए हैं।

गुजरात के ताजातरीन चुनावों में भा.ज.पा. द्वारा राज्य के नौ प्रतिशत अल्पसंख्यकों की पूरी तरह अनदेखी करते हुए न तो किसी अल्पसंख्यक समुदाय के व्यक्ति को अपना उम्मीदवार बनाया गया और न ही अपनी पार्टी के केन्द्रीय अल्पसंख्यक नेताओं को गुजरात की चुनावी सभाओं में आमंत्रित किया गया। इसके अतिरिक्त मोदी द्वारा पूरे चुनाव प्रचार के दौरान अपने भाषणों में ऐसी भाषा शैली का प्रयोग किया गया जो राज्य के बहुसंख्यक मतदाताओं को यह समझा पाने में सफल रही कि दरअसल नरेन्द्र मोदी ही हिन्दुत्व के

सबसे बड़े व सच्चे अलमबरदार हैं तथा उन्हीं के हाथों में राज्य के हिन्दू हित सुरक्षित हैं। नरेन्द्र मोदी राज्य की बहुसंख्यक जनता के बीच यह संदेश दे पाने में भी सफल रहे कि जेहादी आतंकवाद के सबसे बड़े दुश्मन भी वही हैं।

बहरहाल राष्ट्रीय स्वयंसेवक संघ के प्रचारक रह चुके 57 वर्षीय अविवाहित नरेन्द्र मोदी इस समय रूढ़िवादी हिन्दुत्ववाद के एक प्रतीक के रूप में तो जरूर उभर चुके हैं। परंतु, क्या वास्तव में राष्ट्रीय राजनीति पर भी गुजरात चुनाव परिणाम अपना असर डाल सकेगा, यह प्रश्न सबसे अधिक महत्त्वपूर्ण है। यदि गुजरात में कांग्रेस की 11 सीटों पर बढ़ोत्तरी तथा नरेन्द्र मोदी को हुए 11 सीटों के नुकसान को केन्द्र में रखकर सोचें तो हमें यही नजर आएगा कि मोदी की सांप्रदायिकतावादी राजनीति का ग्राफ गुजरात में पहले से घटा है, बढ़ा नहीं है। हां, इतना जरूर है कि गुजरात की सत्ता पर आगमी पांच वर्षों तक राज करने के फलस्वरूप नरेन्द्र मोदी अपने हिन्दुत्ववादी मिशन को और आगे बढ़ा सकते हैं, उसे और मजबूती प्रदान कर सकते हैं, कुछ और ऐसे उपाय जिनमें विकास कार्य भी शामिल हैं, कर सकते हैं जिनसे कि गुजरात की राजनीति पर उनकी पकड़ और अधिक मजबूत हो सके।

रहा प्रश्न इस सोच के परवान चढ़ने का कि क्या भा.ज.पा. अब नरेन्द्र मोदी की राह पर चल सकेगी और गुजरात जैसा प्रयोग अन्य राज्यों अथवा पूरे देश में किया जाएगा। इसकी संभावना दुर्भाग्यवश गांधी के राज्य में भले ही क्यों न बलवती हो गई हो परंतु राष्ट्रीय स्तर पर ऐसी संभावनाएं इसलिए नजर नहीं आतीं क्योंकि भा.ज.पा. के हिन्दुत्व के झांसे में देश का पूरा हिन्दू समुदाय ही इसलिए नहीं आता क्योंकि उसे बखूबी मालूम है कि राम मंदिर, हिन्दुत्व तथा प्राचीन संस्कृतियों की बातें करने वाले केवल सत्ता पाने तथा साधारण मतदाताओं के मतों को भावनात्मक रूप से प्रभावित करने के लिए इस प्रकार का ढोंग रचते हैं।

गुजरात में **विकास युग** शीर्षक से **कमल संदेश** में प्रकाशित आलेख में डॉ. भरत गरीवाला ने पूरे विस्तार के साथ नरेन्द्र मोदी के विकास कार्यों का हवाला दिया है। गरीवाला लिखते हैं गुजरात के मुख्यमंत्री नरेन्द्र मोदी का कहना है कि गुजरात भारत को विकास की राह पर ले जाने का साधन बन गया है। श्री मोदी ने सचमुच इसे सच कर दिखाया है। आज गुजरात भारत के राज्यों में एक आदर्श (मॉडल) बन गया है। गुजरात में इस कदर विकास हुआ है जिसे राष्ट्रीय तथा अंतर्राष्ट्रीय स्तरों पर मान्यता दी जा रही है। गुजरात को विश्व बैंक, संयुक्त राष्ट्र संघ, यूनेस्को, कॉमनवैल्थ एसोसिएशन, माइक्रोसॉफ्ट, वाशिंगटन

पोस्ट, भारत सरकार, योजना आयोग, प्रधानमंत्री, राजीव गांधी फाउंडेशन, इंडिया टुडे और न जाने देश में कहां-कहां से 66 अवॉर्ड्स, मैडल, मान्यताएं प्राप्त हो चुकी हैं। ऐसा कौन सा क्षेत्र है जहां गुजरात का नाम विकास के दायरे में नहीं आता है। भूकंप प्रबंधन से लेकर देश की विरासत को संभालकर रखना, ई गवर्नेंस से लेकर विद्युत क्षेत्र में सुधार तक, स्त्री शिक्षा से लेकर मातृत्व स्वास्थ्य तक, नगरीय डिजाइन तैयार करने से लेकर आर्थिक स्वतंत्रता तक और यहां तक कि सर्वश्रेष्ठ राज्य से लेकर सर्वश्रेष्ठ मुख्यमंत्री तक गुजरात का भंडार श्रेष्ठतम उत्कृष्टताओं से भरा पड़ा है। इतना ही नहीं, गुजरात राज्य को तो कल्याण कार्यक्रमों के मामले में भी प्रथम स्थान पर रखा गया है।

कमल संदेश में प्रकाशित संपादकीय में लिखा गया है कि, **'जीतेगा गुजरात-जीत गया गुजरात 'जीतेगा गुजरात-जीत गया गुजरात।**

जो लोग कह रहे थे कि गुजरात हिन्दुत्व की प्रयोगशाला है उन्हें यह स्वीकार करना होगा कि सत्य और न्याय के पथिक राष्ट्रपिता महात्मा गांधी के गुजरात में 'असत्य' को जनता ने एक सिरे से खारिज कर दिया। गुजरात का परिणाम भा.ज.पा. को सांप्रदायिक कहने वालों के लिए करारा जवाब है। गुजरात का परिणाम 'सोनिया गांधी' और 'राहुल गांधी' की मीडियाई-करिश्माई की पोल खोलता है। गुजरात का परिणाम लोकतांत्रिक दल और 'वंशवाद' को परिभाषित करने के लिए काफी है। गुजरात का परिणाम 'मौत के सौदागर' कहने वालों को जनतंत्रीय जवाब है। गुजरात का परिणाम कांग्रेस पार्टी को आगामी लोकसभा चुनाव में केन्द्र-बिन्दु से बाहर करने का संदेश है। गुजरात का परिणाम दल में रहकर दल को चोट पहुंचाने वालों को जमीन दिखाने वाला है। गुजरात का परिणाम गुजरात में कांग्रेस की नेतृत्वहीनता और संगठन के नाम पर चलने वाली राजनीतिक दुकान पर शटर लगने का आहट देने वाला है। गुजरात का चुनाव परिणाम पार्टी की एकता और कार्यकर्ता की कर्मठता के साथ-साथ जनता की राजनीतिक जागरुकता का कुशल प्रमाण है। गुजरात का प्रमाण 'तुष्टीकरण' की बाढ़ लाने वाली यू.पी.ए. के लिए खतरे की घंटी है। गुजरात के परिणाम ने आगामी चुनावी तस्वीर बदलने के संकेत दे दिए हैं।

गुजरात का परिणाम 'विचार परिवार' की समझ की श्रेष्ठता का अद्भुत उदाहरण है। गुजरात का परिणाम करोड़ों लोगों की दुआओं का असर है। गुजरात का परिणाम राजनीतिक की बदलती प्रकृति की बानगी है। गुजरात का परिणाम राजनीति मानवाधिकार के नाम पर रोटी सेंकनेवालों के चूल्हे समेटने

की तैयारी करने का फरमान है। गुजरात का परिणाम बसपा की माया-महारानी के सामाजिक क्रांति के नाम पर फैलाई जा रही राजनीतिक भ्रांति और उनके प्रधानमंत्री बनने के दिवास्वप्न की कलई खोलने वाला है। गुजरात का परिणाम अल्पसंख्यकों को सोचने-समझने का अवसर प्रदान करती है। उन्हें अपनी गुमराही को दूर करना होगा। उन्हें भा.ज.पा. के लिए विश्वास का खाता खोलना शुरू करना होगा। उन्हें भारत की प्रकृति समझनी होगी, वहीं कांग्रेस सहित सपा-बसपा और मुस्लिम लीग की मानसिकता भी समझनी होगी। गुजरात चुनाव परिणाम जन-विश्वास का अनूठा प्रयोग है।

गुजरात का परिणाम भा.ज.पा. की राजनीतिक, सामाजिक और सांस्कृतिक जिम्मेदारियों को बढ़ाने वाला है। गुजरात का परिणाम नायक को खलनायक बनाकर दिखाने वालों के लिए हताशा है। गुजरात का परिणाम 'मोदी पार्टी से बड़ा', 'मोदीत्व ही हिन्दुत्व' और 'गोधरा' के नाम पर गुजरात का अमन-चैन छीनने में लगे लोगों के लिए गहरा वज्रघात है। गुजरात का परिणाम जन-आकांक्षाओं का प्रतीक है। गुजरात का परिणाम छोटे-छोटे कार्यकर्ताओं, समर्थकों तथा विकास को महत्त्व देने वालों की भावनाओं का प्रकटीकरण है। गुजरात का परिणाम 'जातिवाद' का जहर फैलाने की साजिश कर राष्ट्रीयता को कमजोर करने वालों के लिए पोटेशियम सायनाइड खाकर आत्महत्या करने जैसा है।

गुजरात का चुनाव परिणाम उन लंबरदारों के लिए सबक है जो राजनीति में कालाबाजारी कर अपनी रोजी-रोटी सेंकते हैं। गुजरात का चुनाव परिणाम भा.ज.पा. सरकार के मुख्यमंत्री नरेन्द्र मोदी द्वारा किए गए विकास कार्यों पर जनता द्वारा लगाई गई जन-मुहर है। गुजरात का चुनाव परिणाम साजिशकर्ताओं और आतंकवादियों की गले की फांस है। गुजरात का चुनाव परिणाम नंदीग्राम और सिंगुर में आतंक के प्रबल विरोध का प्रतीक है। गुजरात का चुनाव परिणाम यू.पी.ए. की असफलता, अकर्मण्यता, अराजकता और अनैतिकता को उजागर करने वाला साबित हुआ है।

गुजरात का चुनाव परिणाम भारतीय जनता पार्टी के लिए भी जहां उत्साहवर्द्धक है वहीं जिम्मेदारियों से भरा कांटों का ताज भी है। गुजरात का चुनाव परिणाम भारतीयता की जीत का परचम फहराता है वहीं सांप्रदायिक सौहार्दता का अलख भी जगाता है। दूसरी ओर, गुजरात का चुनाव परिणाम अल्पसंख्यकों के लिए भी उतना ही महत्त्वपूर्ण है जितना बहुसंख्यकों के लिए क्योंकि विकास की कोई जाति, धर्म और वर्ण नहीं होती। विकास तो सर्वांगीण

होता है। विकास का प्रभाव सब पर पड़ता है। यदि अच्छी सड़क बनती है तो वह केवल हिन्दुओं के लिए ही नहीं बल्कि समाज के लिए, नागरिकों के लिए बनती है। गुजरात का चुनाव परिणाम उन मीडियाकर्मियों को मुंह चिढ़ा-चिढ़ा कर कह रहा है कि 'अब क्या करोगे-अब क्या करोगे? मीडिया का जो विरोधी स्वरूप गुजरात चुनाव में आया है, वह चौथे स्तंभ के लिए खतरनाक संकेत है। मीडिया भले ही संवैधानिक रूप से चौथा स्तंभ न हो पर समाज में उसे चौथे स्तंभ के रूप में स्वीकार किया गया है। मीडिया ने सही माध्यम का गलत उपयोग किया है।

गुजरात का चुनाव परिणाम भारतीय राजनीति की उस मिथक, को जिसमें बार-बार यह कहा जाता रहा है कि विकास के नाम पर 'वोट' नहीं मिलता, को पूरी तरह से गुजरात की जनता ने नकार दिया है। विकास को भी 'वोट' मिलता है। बशर्ते विकास का अहसास आम नागरिकों को कराया जाए। मुख्यमंत्री नरेन्द्र मोदी ने गुजरात में नागरिकों को विकास के धागे से जोड़ा है। विकास को शब्दों में नहीं धरती पर उकेरा है। विकास शब्द कोष से बाहर आकर जनता के आंगन में पल्लवित हुआ है। लोगों ने गुजरात में विकास देखा। वे विकास के साक्षी बने, सहभागी बने। गुजरात का चुनाव परिणाम हजारों प्रश्नों का एक उत्तर है 'सत्यमेव जयते'।

गुजरात में भा.ज.पा. के जीतने पर आडवाणी का वक्तव्य

मतदाताओं ने सुशासन, विकास और अच्छे नेतृत्व को सराहा - लालकृष्ण आडवाणी

आज का दिन भारतीय लोकतंत्र का एक ऐतिहासिक दिवस है। मैं गुजरात के लोगों का भा.ज.पा. में फिर से अपना विश्वास व्यक्त करने के लिए हार्दिक धन्यवाद करता हूं। मैं प्रदेश भा.ज.पा. को, विशेष रूप से गुजरात के अत्यधिक लोकप्रिय मुख्यमंत्री नरेन्द्र मोदी को इस शानदार विजय पर हृदय से बधाई देता हूं।

हमारे देश में राज्य विधानसभाओं के चुनाव प्रायः बार-बार होते रहते हैं। परंतु ऐसा बहुत कम होता है कि किसी विशेष राज्य के लोगों का जनादेश राष्ट्रीय राजनीति में 'टर्निंग प्वाइंट' (एक नया मोड़) बनकर आता हो। आज गुजरात में भा.ज.पा. की एक अभूतपूर्व विजय सचमुच एक नया मोड़ लेकर सामने आई है। क्योंकि इससे संकेत मिला है कि भा.ज.पा. फिर से अगले संसदीय चुनावों में अगुवाई करने वाली है।

मैंने मई 2004 में लोकसभा चुनावों में भाजपानीत राजग की अप्रत्याशित पराजय के बाद अपने पहले ही संवाददाता सम्मेलन में कहा था कि मेरी पार्टी फिर से लौटकर सत्ता में आएगी। मुझे विश्वास है कि गुजरात में भा.ज.पा. की विजय तथा हिमाचल में हमारी निश्चित विजय से सचमुच सिद्ध हो जाएगा कि भा.ज.पा. फिर से सत्ता में आएगी।

2002 में हमारे आलोचकों का कहना था कि राज्य में भा.ज.पा. की विजय गोधरा संबंधी घटनाओं के कारण हुई। निःसंदेह यह सच नहीं था। 2007 में फिर से जनादेश प्राप्त कर पार्टी ने निश्चित ही सिद्ध कर दिया कि गुजरात के लोगों ने सुशासन, विकास तथा अच्छे नेतृत्व के लिए मतदान किया है।

मैं इस बात पर बल देना चाहता हूं कि पिछले पांच वर्षों में गुजरात में एक भी सांप्रदायिक दंगा नहीं हुआ, पिछले पांच वर्षों में एक बार भी कर्फ्यू नहीं लगा और पिछले पांच वर्षों में आतंकवाद की एक भी घटना नहीं घट पाई। गुजरात की सभी जातियों तथा धर्मों के लोगों ने श्री मोदी द्वारा सुशासन, विकास, सुरक्षा और आतंकवाद के खिलाफ लड़ाई लड़ने पर विशेष रूप से ध्यान दिया, जिसका लाभ गुजरात के सभी लोगों को मिला।

इस चुनाव में कांग्रेस का प्रचार-अभियान भा.ज.पा. को बुरी तरह से बदनाम करने पर जुटा रहा। विशेष रूप से यह अभियान मोदी के खिलाफ नकारात्मक और व्यक्तिगत रहा।

इस रूप में मुझे 2007 के गुजरात चुनावों से 1971 के आम चुनावों की याद आती है, जिसमें संपूर्ण विपक्षी दल इंदिरा गांधी के विरोध में एक मंच पर आ गए थे। श्रीमती इंदिरा गांधी ने अपने फायदे के लिए इस नकारात्मक अभियान का निपुणतापूर्वक उपयोग करते हुए कहा था, 'विपक्ष कहता है, इंदिरा हटाओ। मैं कहती हूं, गरीबी हटाओ, इस बार कांग्रेस तथा अपने को सेक्युलर कहने वाली सभी पार्टियां कह रही थीं 'मोदी हटाओ।' किन्तु 1971 और 2007 के चुनावों के बीच एक निर्णायक अंतर है। श्रीमती गांधी ने अपने 'गरीबी हटाओ' नारे के लिए कुछ नहीं किया था। इसके विपरीत श्री मोदी ने वायदा करने के आधार पर जीत हासिल नहीं की बल्कि वायदा निभाने के आधार पर जीत हासिल की है।

समग्र रूप से गुजरात में भा.ज.पा. की विजय से राजनीतिज्ञों को छह महत्त्वपूर्ण सबक मिलते हैं-

1. श्री मोदी ने इस परंपरागत बात को गलत साबित कर दिया है कि अच्छे शासन से अच्छी राजनीति का निर्माण नहीं होता। राजनीति में जुटे बहुत

से लोग और प्रेक्षक मानते हैं कि मतदाता नेतृत्व की शुचिता और ईमानदारी, स्वच्छ तथा पारदर्शी प्रशासन की लय में बहकर वोट नहीं देते हैं। श्री मोदी ने सिद्ध कर दिया कि लोग बड़े उत्साह से ऐसे नेता का समर्थन करते हैं जो राजनीति के इस नए दृष्टिकोण को लेकर लोगों के पास जाते हैं। इसलिए गुजरात में सरकार विरोधी कारकों ने काम नहीं किया। यह तो सरकार-समर्थन वाली लहर थी।

2. श्री मोदी ने गलत सिद्ध कर दिया कि चुनाव विकास के नारे पर जीता नहीं जा सकता है। यहां तक कि भा.ज.पा. के आलोचकों को मानना पड़ा है कि गुजरात ने पिछले पांच वर्षों में आर्थिक और सामाजिक विकास दोनों में ही, यहां तक कि कुछ बातों में तो गुजरात नंबर एक बनकर सामने आया, जबरदस्त छलांग लगाई है। जहां पिछले पांच वर्षों में आधारभूत ढांचों के विकास में भारी निवेश, विशाल औद्योगिक परियोजनाएं, शहरी तथा ग्रामीण विकास, कृषि आय में तिगुनी वृद्धि और ई-गवर्नेस पर विशेष ध्यान (देश में गुजरात ई-गवर्नेस राज्यों में सर्वश्रेष्ठ है) अपनी कहानी स्वयं कह रही हैं, वहीं दूसरी तरफ परिवर्तनकारी ज्योतिग्राम योजना (जिससे राज्य के सभी 18 हजार गांवों को स्वच्छ पेयजल की प्राप्ति तथा जिसके कारण जल की कमी वाले राज्य को एक टैंकर मुक्त राज्य में बदल दिया), चिरंजीवी योजना (जिसके कारण शिशुओं तथा माताओं की मृत्यु दर में कमी आई), बेटी बचाओ आंदोलन (जिसके कारण गुजरात की स्त्री-पुरुष दर 802-1000 से बढ़कर 870-1000 दर तक पहुंची), वनबंधु कल्याण योजना (जिसके कारण 6 हजार आदिवासी गांवों को लाभ मिला) और सागरखेडु योजना (जिससे देश में सबसे लंबे तटवर्ती वाले 3 हजार गांवों के मछुआरों की कल्याण योजनाएं बनीं) भी गुजरात की समृद्धि में लगी रही हैं।

3. गुजरात में भा.ज.पा. ने गलत सिद्ध कर दिया कि चुनाव लोगों की जातियों और समुदायों की भावनाओं को प्रभावित करके ही जीते जा सकते हैं। हमने दिखा दिया कि ज्ञभडए ड.ल जैसे पुराने विभाजनकारी तथा हताशापूर्ण फार्मूलों को त्यागकर यदि हम सकारात्मक और समाज को जोड़ने वाले एजेंडे अपनाएं तो हम इन पुराने पड़े फार्मूलों को परास्त कर सकते हैं।

4. सी.पी.आई. (एम) शासित पश्चिम बंगाल के विपरीत गुजरात में भा. ज.पा. ने सिद्ध कर दिया है कि मतदाताओं को आतंकित किए बिना तथा विपक्षी दलों के प्रति सहानुभूति रखने वालों को मत डालने से रोके बिना,

वैज्ञानिक ढंग से धांधली किए बिना और अन्य प्रकार के चुनावी अपराध किए बिना भी फिर से जनादेश जीता जा सकता है। इस प्रसंग में, मैं निर्वाचन आयोग को उनके अच्छे कार्य के लिए बधाई देना चाहता हूं।

5. गुजरात में भा.ज.पा. की विजय ने यह भी सिद्ध कर दिया है कि राज्य के लोगों ने राजनैतिक दलबदल तथा साथ ही अनुशासनहीनता जैसी आंतरिक पार्टी असहमति को भी गलत माना है।

6. यह भी सबसे महत्त्वपूर्ण है कि भा.ज.पा. की विजय घृणात्मक, नकारात्मक और हठधर्मी की राजनीति के खिलाफ भी बड़ी विजय है। मुझे पिछले साठ वर्ष की भारतीय राजनीति में ऐसा कोई नेता दिखाई नहीं पड़ता है जिसे वर्ष 2002 से लेकर इतना बदनाम किया गया हो, जितना मोदी को निरंतर और लगातार बदनाम किया जाता रहा है। 'मौत का सौदागर' तो अभी हाल की घटना मात्र है। भा.ज.पा. और श्री मोदी के खिलाफ हमारे विपक्षी दलों ने झूठ बोल-बोलकर देश-विदेश में बदनाम करने की कोशिश की है। गुजरात के लोगों ने इस प्रकार की जहरीली राजनीति करने वाले लोगों को कड़ा उत्तर दिया है। मैं कांग्रेस तथा अन्य पार्टियों के नेताओं से अपील करूंगा कि अब तो वे आगे से इस प्रकार की राजनीति से दूर रहें। मुझे आशा है कि वे आत्ममंथन करेंगे और गुजरात में अपनी हार से सही सबक लेंगे।

नई दुनिया में **प्रभात झा** ने गुजरात में नरेन्द्र मोदी की जीत के बाद अपनी टिप्पणी में मीडिया पर करारा प्रहार करते हुए लिखा है कि किस प्रकार मीडिया की भूमिका इसमें रही है। गुजरात में नरेन्द्र मोदी जीते लेकिन मीडिया ने इसे किस रूप में पेश किया है। श्री झा लिखते हैं, देश के चौथे स्तंभ यानी खबरपालिका को गुजरात के परिणाम से करारा झटका लगा है। इसके लिए कोई और नहीं बल्कि वे स्वयं जिम्मेदार हैं। समाचार पत्र या चैनल जनभावनाओं का प्रतीक होते हैं न कि खिसियाहट या दुश्मनी निकालने का माध्यम। गुजरात विधानसभा के चुनाव परिणाम से कांग्रेस से अधिक वे लोग दुःखी थे, जिन्हें घटित घटनाओं को जस की तस दिखाना होता है या फिर लिखना होता है। मीडिया के लोगों की यह हालत न केवल मीडिया बल्कि समाज के लिए अच्छी नही कही जा सकती है। भा.ज.पा. के लिए यदि यह विजय का दिवस था, तो मीडिया के लिए चिंतन का दिवस था। मीडिया का कार्य किसी को पराजित करने का उपकरण बनना नहीं होना चाहिए। मीडिया का काम किसी को जलील करना भी नहीं होना चाहिए। मीडिया की प्रकृति में इस तरह का

आ रहा परिवर्तन लोकतंत्र के लिए खतरे का संकेत है। भा.ज.पा. के कार्यकर्ता ही नहीं, आम नागरिकों के मन में मीडिया के प्रति गुस्सा व्याप्त है, आम नागरिक मीडिया को अशालीन और अविश्वसनीय होते नहीं देख सकता। शब्दों की शालीनता पत्रकारिता की आत्मा होती है। हम अपनी आत्मा को अशालीन क्यों बना रहे हैं। गुजरात के साढ़े पांच करोड़ लोग जिसे नायक मान रहे हैं उसे मीडिया खलनायक के रूप में नहीं बल्कि भगवा गुण्डा के रूप में उपमा देने लगे तो भला किसे अच्छा लगेगा और कौन इसे उचित कहेगा। यहां चिन्ता की बात यह है कि आखिर मीडिया अपने पाठकों के साथ न्याय करने के लिए बैठा है या अन्याय। झूठ परोसने के लिए या सच? समाज क्या सोच रहा है? आकलन के नाम पर पक्ष बनकर किसी को बदनाम करने का कार्य क्या मीडिया का काम है? मुझे लगता है कि सभी एक स्वर में कहेंगे, नहीं।

मीडिया का पक्षपाती रवैया देखकर श्रीमती सोनिया गांधी और राहुल गांधी जिन स्थानों पर कांग्रेस के प्रचार के लिए गए थे, वहां कांग्रेस प्रत्याशियों की क्या हालत रही। किसी भी चैनल और समाचार पत्र ने चर्चा में लाने का प्रयास क्यों नहीं किया? हजारों किसानों की मौत की खबर नहीं पर पांच वर्षों में एक दिन 'रोड शो' करने वाले राहुल गांधी को चैनलों पर दिखाने की होड़ करने वालों को क्या यह पता नहीं है कि भारत की जनता लोकतंत्र की दृष्टि से परिपक्व हो चुकी है। एक दिन का रोड शो वोट में तब्दील हो जाएगा और रात दिन एक करने वाले नरेन्द्र मोदी को लोग नकार देंगे। यह गलतफहमी हो सकती है और वह पूर्व में उत्तर प्रदेश की जनता और अब गुजरात की जनता ने दूर कर दी। मीडिया गत तीन-चार माह की अपनी रिपोर्टिंग और चैनल की खबरों का स्वयं शल्यक्रिया करें और स्वत: विचार करें कि आखिर उन्होंने भा.ज.पा. के साथ या फिर नेता के नाते नरेन्द्र मोदी के साथ न्याय किया है?

इस बार कुछ चैनलों और गुजरात के समाचार पत्रों की तो यह स्थिति हो गई थी, जैसे भा.ज.पा. के विरोधी दलों ने उन्हें भा.ज.पा. और नरेन्द्र मोदी की राजनीतिक हत्या करने के लिए 'सुपारी' दे रखी हो। समाज और राष्ट्र के लिए मीडिया की ऐसी भूमिका की अपेक्षा सामान्य नागरिक तो नहीं कर सकता। यहां एक बात और चिंतनीय है कि हम देश में एक बहुत बड़ा सामाजिक अपराध करते जा रहे हैं। हम पत्रकारिता और पत्रकार के मूल

चरित्र की हत्या के हथियार बनते जा रहे हैं। अगर यह क्रम जारी रहा तो इसका अंत कितना भयावह होगा, यह सोचते ही दिल दहल जाता है। एक तो भारतीय राजनीति से आम नागरिकों का विश्वास निरंतर उठता जा रहा है। ऐसे भयावह वातावरण में गुजरात में नरेन्द्र मोदी ने आम नागरिकों में यह विश्वास पैदा किया कि उन्होंने जिस सरकार को सत्ता में काम करने का मौका दिया उसने ईमानदारी से काम किया। सामान्य नागरिकों में नरेन्द्र मोदी ने अपने प्रति और अपने दल के प्रति श्रद्धा पैदा की, जो कि आज भी बहुत दुर्लभ कार्य बन चुका है। अत: ऐसे में विश्वसनीय उपकरण का अविश्वसनीय होते जाना हमारे लोकतंत्र के लिए खतरे की बानगी है।

जब गुजरात के परिणाम आ रहे थे तो मीडिया ने एक नई बात चला दी, गुजरात में मोदी की जीत हुई है न कि भा.ज.पा. की। मोदी ने अपनी इतनी बड़ी टीम बना ली है कि भा.ज.पा. उनका कुछ नहीं बिगाड़ सकती। मीडिया भले ही गुजरात की जीत को मोदी की जीत कहे या भा.ज.पा. की या हिन्दुत्व की, क्या यह सच नहीं है कि गुजरात में भा.ज.पा. चौथी बार लगातार चुनाव जीती और कांग्रेस लगातार पांचवी बार सन 1990 से गुजरात चुनाव हार रही है। सत्रह साल से कांग्रेस गुजरात में गायब है और आगामी पांच वर्षों के लिए पुन: गुजरात से गायब हो गई है। उसकी चर्चा या उसके नीचे गिरने की चर्चा नहीं के बराबर है और जनता ने जिसके सिर सेहरा बांधा है उसके बारे में यह कहना कि वह भविष्य में भा.ज.पा. के लिए सिरदर्द बनेंगे और लालकृष्ण आडवाणी के लिए खतरा उत्पन्न करेंगे, यह बातें कहां तक न्यायसंगत हैं। पत्रकारों की भूमिका ज्योतिषियों की तरह भविष्यवाणी करने और न्यायाधीशों की तरह निर्णय सुनाने की नहीं होनी चाहिए। मीडिया को यह समझना चाहिए कि लोकतंत्र का एक सशक्त हथियार इतना क्यों कमजोर हो गया है कि वह सन् 2002 से लगातार भा.ज.पा. और मोदी के पीछे पड़े रहने के बाद भी गुजरात की जनता ने मीडिया का मार्ग नहीं अपनाया। बल्कि उन्होंने वह किया जो उनके विवेक ने कहा। जन-विवेक ने कहा कि गुजरात को भा.ज.पा. के हाथों में सौंपना चाहिए और नरेन्द्र मोदी में अपनी आस्था व्यक्त करनी चाहिए। मीडिया के लिए सात वर्ष कम नहीं होते। फिर जनता ने मीडिया के द्वारा लगातार सात वर्षों से कही जाने वाली बात को नहीं माना। यह बात सामान्य नहीं बल्कि हम सबके लिए चिंता और चिंतन का विषय है। खासकर मीडिया जिसके कार्य की नींव में 'विश्वसनीयता'

होती है। दुर्भाग्य की बात है कि आज 'विश्वसनीयता' संकट में है जिसने पत्रकारिता की नींव को हिला दिया है।

कमल संदेश में **डॉ. हेडगेवार** की जीवनी के लेखक **राकेश सिन्हा** ने इस जीत को विचारधारा की टक्कर बताया है। सिन्हा ने लिखा है कि गुजरात विधानसभा के चुनाव में सिर्फ हार-जीत की बाज नहीं लगी हुई थी। यह एक असाधारण चुनाव था, जिस पर पूरे देश की नजर टिकी थी। वोट तो गुजरात में पड़ना था। परंतु कश्मीर से लेकर कन्याकुमारी तक लोग मानसिक रूप से इस चुनाव से जुड़ गए थे, क्योंकि यह चुनाव दो दलों के बीच नहीं होकर दो विचारधाराओं के बीच था। एक तरफ हिन्दुत्व था, जिसकी नुमाइंदगी नरेन्द्र मोदी कर रहे थे, तो दूसरी तरफ तमाम नेहरूवादी, मार्क्सवादी और लीगली ताकतें थीं, जिनका प्रतिनिधित्व तथाकथित सेक्युलर नेता कर रहे थे। सन् 2002 के बाद से बिना किसी अपवाद के मोदी के खिलाफ मीडिया ट्रायल चलता रहा। किसी व्यक्ति के खिलाफ इतने संगठित दुष्प्रचार का दूसरा उदाहरण स्वतंत्र भारत के इतिहास में नहीं मिलता है। मोदी को क्या नहीं कहा गया और इस सबका निहितार्थ सोनिया गांधी के इस कथन में व्यक्त हुआ कि वे मौत के सौदागर हैं।

गुजरात को हिन्दू सांप्रदायिकता की प्रयोगशाला के रूप में पिछले डेढ़ दशक से इन ताकतों द्वारा पेश किया जाता रहा। गोधरा कांड के बाद गुजरात में जो प्रतिक्रिया हुई उसे आधार बनाकर राष्ट्रीय स्वयंसेवक संघ और उसकी विचारधारा के खिलाफ राष्ट्रीय तथा अंतर्राष्ट्रीय स्तर पर जमकर संगठित अभियान चलाया गया। नरेन्द्र मोदी ने यहीं अपने लौह पुरुष वाले व्यक्तित्व का परिचय दिया। न वे झुके, न ही अपराध बोध से ग्रस्त हुए। वे सिद्धान्त के साथ एकाकार हो गए। नेहरू के समय से इस देश में मुस्लिम तुष्टीकरण को शासन का मूल सिद्धान्त बना लिया गया था। इसके विरुद्ध सरदार पटेल ने आवाज उठाई थी। वे भी गुजरात से थे। समझौता उनके व्यक्तित्व का हिस्सा नहीं होता था। राष्ट्रहित को वे सबसे आगे मानते थे। इसलिए उन्हें भी सांप्रदायिकता का प्रतिनिधि का तमगा पहनाया जाता रहा। बंबई क्रॉनिकल में 7 जनवरी, 1948 को उन्होंने कहा था कि मुस्लिम लीगी मानसिकता वाले लोग मुझे दुश्मन मानते हैं। पहले ये महात्मा गांधी को अपना दुश्मन नंबर एक कहा करते थे। अब उन्होंने गांधी को मुझसे विस्थापित कर दिया है। क्योंकि मैं सच बोलता हूं। इतिहास ने नरेन्द्र मोदी के रूप में अपने आप को दोहराया है। नरेन्द्र मोदी ने

खंडित धर्मनिरपेक्षता को कूड़ेदान में डालकर तुष्टीकरण मुक्त शासन के सिद्धान्त और राजनीति का सफल प्रयोग गुजरात में किया है। यहां धर्मनिरपेक्षता फिर से परिभाषित हुई है। पार्टीशन के बाद जिस धर्मनिरपेक्षता की कल्पना संविधान सभा में की गई थी, उसे नेहरूवाद के प्रभाव में भुला दिया गया। इसी कल्पना को अब नरेन्द्र मोदी ने साकार किया है। इसी कारण से यह चुनाव दो विचारधाराओं को लेकर पूरे देश के लिए रेफरेंडम बन गया। गुजराती अस्मिता भारतीय अस्मिता की प्रतिबिंब बन गई है। आम लोग गुजरात के बारे में मीडिया से ही जान पाते थे और मीडिया की भूमिका का उल्लेख किए बिना गुजरात चुनाव का भला पटाक्षेप कैसे हो सकता है। आखिरी सांस तक यह गुजरात चुनाव को फांसीवाद, सांप्रदायिकता, गोडसेवाद और नस्लवाद को परास्त करने का मौका बताता रहा। बी.जे.पी. बनाम वी.एच.पी., मोदी बनाम केन्द्रीय नेतृत्व आदि बातों को खूब उछाला गया। मकसद था इसके जरिए पांच बरसों से चलाए जा रहे दुष्प्रचार पर लोकतंत्र का जनादेश हासिल करना। मीडिया और विपक्ष के बीच की दूरी पूरी तरह खत्म हो चुकी थी। नरेन्द्र मोदी ने छवि प्रधान राजनीति की अवधारणा को भी ध्वस्त कर दिया। आज की राजनीति में मीडिया मैनेजमेंट में महारत और छवि निर्माण का सूत्र अहम हो गया है। मोदी ने मीडिया के अभियान की परवाह नहीं की इसलिए हिन्दुत्व की विचारधारा के लिए चुनौती और भी कठिन थी। लेकिन लोकतंत्र ने दूध-का-दूध और पानी-का-पानी कर दिया। इस रेफरेंडम में देश ने हिन्दुत्व की संभावना पर अपनी मुहर लगा दी है। इलेक्ट्रॉनिक मीडिया में बैठ अपने आपको सिद्धान्तकार मानने वाले लोग अभी तक इस जनादेश के मतलब को ही नहीं समझ पा रहे हैं। वे गुजरात के नतीजे को लीडरशिप के सवाल तक सीमित कर देना चाहते हैं।

जब से यू.पी.ए. की सरकार केन्द्र में बनी है, तब से मुस्लिम केन्द्रित राजनीति चल रही है। पहले सच्चर कमेटी की स्थापना की गई। अब तो कम्युनल बजट बनाया जा रहा है। इस सरकार ने रोटी, रोजगार और राज्य तीनों का संप्रादायीकरण कर दिया, सरकार आतंकवाद के सामने झुक गई। अफजल प्रसंग धर्मनिरपेक्षता का सबसे विकृत चेहरा है। दूसरी तरफ गुजरात में आतंकवाद से लड़ने के लिए मोदी को मानवाधिकार पर हमला करने वाले विलेन के रूप में पेश किया जाता रहा। मोदी के खिलाफ बोलने वालों को राजकीय सम्मान से सम्मानित किया जाता रहा। ऐसे ही लोग एनकाउंटर में मारे गए आतंकवादियों को सम्मान दिलाने के लिए मीडिया से न्यायालय तक

दौड़-भाग करते रहे हैं। गुजरात के चुनाव में स्वाभाविक रूप से आतंकवाद का मसला केन्द्र में आ गया था। भारत को एक सॉफ्ट स्टेट चाहिए या हार्ड स्टेट, यह मुद्दा सिर्फ गुजरात का ही नहीं, पूरे देश का है। चुनाव नतीजे ने हार्ड स्टेट के पक्ष में जनादेश दिया है।

जो लोग औपनिवेशिक सामाजिक दर्शन को ही श्रेष्ठ सिद्धान्त मानते रहे, वे इस चुनाव के संदेश को अब भी पढ़ने के लिए तैयार नहीं हैं। वे दूसरे विश्वयुद्ध के युग में जी रहे हैं। उसी काल की भाषा में गुजरात के चुनाव नतीजों को संबोधित कर रहे हैं। यह आम लोगों की बौद्धिकता और लोकतंत्र के महत्त्व दोनों का न सिर्फ अवमूल्यन है, बल्कि तिरस्कार भी है।

बी.जे.पी. ने दो अवसरों पर राष्ट्रीय राजनीति को गंभीरता से प्रभावित किया है। पहला है राम जन्मभूमि का आंदोलन। इसने राजनीति की दिशा और दर्शन दोनों को बल दिया, लेकिन वह यात्रा अधूरी थी। गुजरात चुनाव दूसरा अवसर है, जिसने उस दिशा और दर्शन की यात्रा की नई संभावनाएं स्पष्ट रूप से दिखाई हैं। हिन्दुत्व का दर्शन समझौतावाद और छवि के आधार पर राजनीति में स्थापित नहीं हो सकता। यह एक मिशन है, जिसमें जीत-हार का सवाल गौण है। बी.जे.पी. को सेक्युलरवादी बनाने की जो प्रवृत्ति पैदा हुई थी, उसकी इस चुनाव ने सही समय पर भ्रूण हत्या कर दी है। इस चुनाव का संदेश यही है कि वास्तविक विकल्प सामाजिक विकास, सैद्धान्तिक प्रतिबद्धता और पुरुषार्थ के मेल से ही मुमकिन है।

दैनिक ट्रिब्यून ने गुजरात में नरेन्द्र मोदी की जीत के बाद लिखा कि गुजरात विधानसभा चुनाव में पिछली बार से 10 ज्यादा स्थानों पर जीत तथा कुछ ज्यादा वोट मिलने के बावजूद कांग्रेस पार्टी की निराशा पर किसी को ज्यादा हैरानी नहीं हुई। प्रदेश के भा.ज.पा. विधायकों में असंतोष, कुछ राजनीतिक तथा मानव अधिकार संगठनों द्वारा मुख्यमंत्री नरेन्द्र मोदी पर निशाने साधे जाने और सत्ता विरोधी भावना के बावजूद गुजरात की भा.ज.पा. सरकार की लोकप्रियता में बहुत कमी नहीं होने की बात ज्यादातर विश्लेषक स्वीकार करते तथा कहते रहे हैं। गुजरात के चुनाव परिणाम सामने आने के बाद लोकसभा चुनाव समय से पहले कराए जाने की चर्चा एकाएक समाप्त होने से स्पष्ट है कि कांग्रेस पार्टी के अपने बूते पर लोकसभा में पहले से ज्यादा स्थान पाने के विश्वास को झटका लगा है। सत्ताधारी संयुक्त प्रगतिशील गठबंधन के घटक दल तथा मनमोहन सिंह सरकार को बाहर से समर्थन दे रहे वामदलों में

भी कांग्रेस के जनाधार के पुनर्मूल्यांकन की जरूरत महसूस की जा रही है। गुजरात में कांग्रेस के चुनाव अभियान की बागडोर खुद पार्टी अध्यक्ष सोनिया गांधी ने संभाली थी इसलिए पार्टी के एक महामंत्री की यह टिप्पणी कि राज्य विधानसभा चुनाव स्थानीय विशेष से संबंधित विषयों के आसपास घूमते हैं, महज पार्टी अध्यक्ष को परिणाम की जिम्मेदारी से बचाने की कोशिश ही लगती है।

बी.बी.सी. में **'सांप्रदायिकता पर भारी मोदी का शासन'** में बी.बी. सी. भारत के हिन्दी संपादक **संजीव श्रीवास्तव** ने लिखा है, गुजरात विधानसभा चुनाव के नतीजे दिखाते हैं कि ये मुख्यमंत्री नरेन्द्र मोदी की भारी विजय है। ये जीत यह भी दिखाती है कि चुनावों में सांप्रदायिकता बनाम धर्मनिरपेक्षता कोई बड़ा मुद्दा नहीं बन पाया। जनता ने मोदी को भारी संख्या में वोट दिया और इसकी बहुत-सी वजह रहीं। इसमें एक प्रमुख कारण यह था कि जनता की नजर में हिन्दू-मुस्लिम या 2002 के दंगे कोई बड़ा मुद्दा नहीं बन पाया। जनता की नजर में बड़ा मुद्दा था मोदी का एक अच्छा शासन देना और ईमानदार सरकार चलाना। आज के दौर में जब राजनेताओं को काफी भ्रष्ट माना जाता है तो भी मोदी अपनी यह छवि बनाने में सफल रहे कि वे एक ईमानदार नेता हैं और मोदी के व्यक्तिगत जीवन पर भी कोई लांछन नहीं लगा पाया है। मोदी की जीत के पीछे दूसरा कारण भारी मतदान रहा, युवाओं और महिलाओं में नरेन्द्र मोदी काफी लोकप्रिय रहे, जितने भी नए मतदाता जुड़े वे भा.ज.पा. से ज्यादा खुद को नरेन्द्र मोदी की विचारधारा और उनके कामकाज के तरीके के करीब पाते थे।

मोदी की लोकप्रियता महिलाओं में काफी रही। गुजरात के लोगों ने बताया कि महिलाओं को स्थायित्व और सुरक्षा का आश्वासन चाहिए जो मोदी ने दिया। पिछले पांच बरसों में राज्य में कोई दंगा नहीं हुआ और उससे पहले के दंगों की छाया इस चुनाव पर नहीं पड़ी। सोहराबुद्दीन के जिस मुद्दे को विपक्ष ने भुनाने की कोशिश की वह उलटा विपक्ष पर ही भारी पड़ गया क्योंकि मोदी उस मुद्दे को अपने पक्ष में करने के लिए उसे राज्य की सुरक्षा से जोड़ने में कामयाब रहे।

वरिष्ठ पत्रकार राजकिशोर ने **दैनिक भास्कर** में अपनी टिप्पणी में लिखा कि नरेन्द्र मोदी की जीत से जो निष्कर्ष तुरंत निकलता है, वह यह है कि गुजरात में भा.ज.पा. की विचारधारा जीती है और धर्मनिरपेक्षता की हार हुई है। उन्होंने लिखा है कि कुछ लोगों ने यह बात कही भी है। लेकिन इस तथ्य

की व्याख्या करने में उन्होंने कोई दिलचस्पी नहीं दिखाई है कि फिर 2002 के मुकाबले भा.ज.पा. ने दस सीटें गंवा दीं और कांग्रेस की सीट संख्या में 11 की वृद्धि कैसे हो गई। इससे भी ज्यादा महत्त्वपूर्ण यह तथ्य है कि कांग्रेस ने ठीक वहीं अतिरिक्त सीटें नहीं जीती हैं, जो भा.ज.पा. ने खोई हैं। जिसे सीटिंग सीट कहा जाता है, भा.ज.पा. के लिए उसकी क्षति दस से ज्यादा है। लेकिन इससे अधिक स्थानों पर कांग्रेस उम्मीदवारों को हराकर भा.ज.पा. ने भरपाई कर ली है। इसके बावजूद कुल मिलाकर दस सीटें तो उसने खोई हैं। इसी तरह कांग्रेस के लिए यह नहीं कहा जा सकता कि उसने 2002 में जीती हुई सीटें बचाकर 11 सीटें और झटक ली हैं। कांग्रेस ने भी अपनी सीटिंग सीटें खोई हैं, पर अन्य स्थानों से उनसे अधिक सीटें जीतकर अपनी कुल उपलब्धि में 11 सीटें और बढ़ा ली हैं।

राजकिशोर ने विस्तार से इस बात की चर्चा करते हुए कहा है कि यह अचर्चित तथ्य बताता है कि गुजरात में मोदी की एकतरफा जीत नहीं हुई है। अन्य चुनावों की तरह इस चुनाव में भी मतदाताओं के मन में मंथन चला है और उनमें से अनेक ने अपने पांच साल पुराने फैसले को बदला है। जहां कांग्रेस ने सीटें खोई हैं, वहां के मतदाताओं का स्पष्ट निर्णय है कि कांग्रेस मोदी का मुकाबला करने के लिए पर्याप्त नहीं है। कुछ नई सीटों पर कांग्रेस की जीत बताती है कि वहां उसके प्रति आकर्षण पैदा हुआ है। यह बात भा.ज.पा. पर भी लागू होती है।

वरिष्ठ पत्रकार अवधेश कुमार ने मोदी की जीत के बाद अपनी प्रतिक्रिया में लिखा है कि भा.ज.पा. की दृष्टि से गुजरात विधानसभा चुनाव परिणाम को हर मायने में शानदार, चमत्कारिक और असाधारण मानना होगा। हालांकि परिणामोत्तर राजनीतिक परिदृश्य को फिर एक नया मोड़ देने की कोशिश हो रही है। पहले जिस चुनाव को वर्तमान राजनीति के लिए तत्काल सबसे महत्त्वपूर्ण मोड़, बिन्दु करार दिया गया था, परिणामों के बाद उसे नरेन्द्र मोदी बनाम भा.ज.पा. के रूप में व्याख्यायित करने की कोशिश हो रही है। मोदी का व्यक्तित्व आम प्रचारों के विपरीत जितना सशक्त होकर उभरा है, उसके बाद मोदी बड़ा या भा.ज.पा. पर केन्द्रित बहस आगे चलती रहेगी। लेकिन इस शोर में चुनाव परिणामों के कई महत्त्वपूर्ण पहलू ओझल हो रहे हैं।

अवधेश कुमार लिखते हैं कि चुनाव परिणाम ने एक साथ मीडिया एवं बुद्धिजीवियों के एक बड़े वर्ग तथा राजनीतिक दलों द्वारा निर्मित कई धारणाओं

को ध्वस्त किया है। वास्तव में इन धारणाओं के गलत साबित होने में ही चुनाव परिणामों को ठीक से समझने व इसके भावी राजनीतिक प्रभावों के आकलन का सूत्र निहित है। मोदी के बारे में मीडिया ने अपने-अपने तरीके से विश्लेषित किया। कुछ अखबारों ने मोदी को गोधरा कांड से जोड़कर देखा तो कुछ ने विकास पुरुष के रूप में। मोदी क्या हैं, क्या नहीं, इसका निर्धारण जनता को करना था सो जनता ने कर दिया। मीडिया अपने तरीके से इस बात का कयास लगाने में लगी रही। जिसका उलटा ही हुआ। मोदी अपने फार्मूले पर कामयाब रहे और उन्होंने अपने तौर-तरीकों से जनता को अपने पक्ष में करने का जज्बा पैदा किया। मोदी मुख्यमंत्री बन चुके हैं। मंत्रिमंडल का गठन कर चुके हैं। इसलिए अब मोदी को लेकर किसी प्रकार की टीका टिप्पणी ज्यादा नहीं हो रही है। जिनको विरोध करना है वह करते रहेंगे चाहे लाख विकास हो जाए। जिनको बधाई देनी थी उन्होंने दे भी दी। जो वस्तुस्थिति को देखकर और कार्य का मूल्यांकन कर रहे हैं, वह कर रहे हैं। इसमें कोई दो राय नहीं है कि आज मीडिया की बातों को गंभीरता से लिया जा रहा है।

मीडिया के बारे में प्रभात झा की टिप्पणी गौर करने लायक है जिसमें उन्होंने लोकतंत्र के इस चौथे स्तंभ को बड़े ही रोचक तरीके से सुझाव दिए हैं। इसमें कोई दो राय नहीं है कि आज मीडिया अपनी भूमिका को किस तरह से प्रस्तुत कर रहा है। इसको लेकर स्वयं मीडियाकर्मियों को विश्लेषित करने की जरूरत है। क्योंकि जिस प्रकार से मीडिया ही लोगों के भविष्य को बनाने और बिगाड़ने की बात करने लगता है, वह कहीं से भी मीडिया के हित में नहीं हैं। चुनाव पूर्व सर्वे और तमाम अन्य आकलनों को जिस तरीके से उछाला जाता है उसे भी गंभीरता से लेने की जरूरत है।

मुख्यमंत्री के रूप में मोदी की उपलब्धियां

7-10-2001	गुजरात के मुख्यमंत्री के रूप में पहली बार शपथ।
24-02-2002	राजकोट से विधानसभा चुनाव जीते।
25-02-2002	पहली बार विधानसभा सदस्य के रूप में शपथ।
19-07-2002	राज्य विधानसभा को भंग किया और राज्य में विधानसभा चुनाव की चुनौती को स्वीकार किया।
12-12-2002	गुजरात में विधानसभा चुनाव के लिए मतदान।
15-12-2002	राज्य विधानसभा चुनावों में नरेन्द्र मोदी के नेतृत्व में भा.ज.पा. की ऐतिहासिक विजय, 182 सीटों में भा.ज.पा. को मिली 127 सीटें।
22-12-2002	अहमदाबाद में दूसरी बार मुख्यमंत्री पद की शपथ ली। देश में पहली बार ऐसा हुआ है कि किसी राज्य के मुख्यमंत्री के शपथ ग्रहण समारोह में देश के प्रधानमंत्री पहुंचे।
06-03-2003	भा.ज.पा. के विधायकों के लिए प्रशिक्षण कार्यक्रम शुरू।
13-03-2003	राज्य में भा.ज.पा. सरकार ने 111 दिन पूरे किए।
28-05-2003	गुजरात विधानसभा में वीर सावरकर की ऑयल पेंटिंग की स्थापना।
24-08-2003	मुंबई में वीरांजली यात्रा का शुभारंभ।
16-10-2003	आपदा प्रबंधन के क्षेत्र में अनूठा कार्य करने के लिए यू.एन. सासाकावा सम्मान से सम्मानित।
दिनांक 2004	कॉमनवेल्थ एसोसिएशन का सी.ए.पी.ए.एम. गोल्ड अवॉर्ड।
27-11-2004	अंतर्राष्ट्रीय व्यापार मेले में गुजरात राज्य को विकास के लिए विशेष सम्मान से सम्मानित किया गया।
24-02-2005	राजकोट के एक गांव को निर्मल गांव पुरस्कार से सम्मानित किया गया

25-04-2005 भारत सरकार के सूचना प्रौद्योगिकी विभाग की ओर से गुजरात के संस्थान भास्कराचार्य इंस्टीट्यूट ऑफ स्पेस एप्लीकेशन एंड जिओ इंफारमेटिक्स को प्रगति सम्मान।

21-05-2005 राजीव गांधी फाउंडेशन द्वारा कराए गए सर्वेक्षण में गुजरात राज्य को सर्वश्रेष्ठ राज्य का दर्जा दिया गया।

01-06-2005 गुजरात में आए भूकंप में क्षतिग्रस्त गुरुद्वारे के जीर्णोद्धार को लेकर यूनेस्को एशिया पैसिफिक का हेरिटेज अवार्ड दिया गया।

05-08-2005 इंडिया टुडे की ओर से सर्वश्रेष्ठ पर्यावरण निवेशक सम्मान।

05-08-2005 इंडिया टुडे की ओर से सर्वश्रेष्ठ आर्थिक स्वतंत्रता सम्मान।

22-08-2005 इंडिया टुडे, इंडिया टी.वी. और गुजरात दैनिक संदेश जैसे मीडिया माध्यमों ने देश के मुख्यमंत्रियों के सर्वेक्षण में मोदी को नंबर एक मुख्यमंत्री का दर्जा दिया।

14-10-2005 गुजराती साप्ताहिक चित्रलेखा ने नरेन्द्र मोदी को पर्सन ऑफ द ईयर घोषित किया, टेनिस स्टार सानिया मिर्जा को दूसरा और सुपरस्टार अमिताभ बच्चन को तीसरा स्थान मिला।

12-11-2005 इंडिया टेक फाउंडेशन की ओर से ऊर्जा क्षेत्र में विशेष उपलब्धियों के लिए इंडिया टेक एक्सलेंस सम्मान।

27-11-2005 अंतर्राष्ट्रीय व्यापार मेले में गुजरात पैवेलियन को प्रथम पुरस्कार।

30-01-2006 इंडिया टुडे की ओर से कराए गए राष्ट्रव्यापी सर्वेक्षण में नरेन्द्र मोदी को देश का सर्वश्रेष्ठ मुख्यमंत्री बताया गया।

24-02-2006 पहली बार वित्त मंत्री के प्रभार के तौर पर राज्य विधानसभा में बजट पेश किया।

23-03-2006 गुजरात के कुछ गांवों को बेहतर साफ-सफाई के लिए निर्मल ग्राम पुरस्कार दिए गए।

16-04-2006 नर्मदा बांध से प्रभावित लोगों की पीड़ा देख पहली बार मुख्यमंत्री ने उनकी समस्याओं को नजदीक से देखा।

28-05-2006 मुंबई में वीर सावरकर की प्रतिमा की स्थापना।

31-07-2006 देश में बीस सूत्रीय कार्यक्रम के लिए गुजरात को प्रथम स्थान मिला।

02-08-2006 सर्वशिक्षा अभियान में गुजरात राज्य को प्रथम स्थान।

04-08-2006	मुंबई में युवा संगठन के अध्यक्षों के कार्यक्रम में भागीदारी।
03-09-2006	अमेरिका में आयोजित विश्व गुजराती सम्मेलन में वीडियो कांफ्रेंसिंग के जरिए संबोधन।
12-109-2006	इंदौर में अहिल्याबाई सम्मान से सम्मानित।
27-09-2006	भारत माता सह रही है या नहीं मंदिर और अमृत महोत्सव हरिद्वार में शिरकत।
30-10-2006	सिंगापुर में वाल स्ट्रीट जर्नल और फाइनेंशियल एक्सप्रेस की ओर से चिरंजीव योजना के लिए एशियन इन्वोवेशन सम्मान।
04-11-2006	ई धारा योजना के लिए ई-गवर्नेंस सम्मान।
10-01-2007	भारत सरकार की ओर से सर्वश्रेष्ठ सूचना प्रौद्योगिकी के क्षेत्र में विशेष उपलब्धियों के लिए एलिटिक्स 2007 सम्मान।
05-02-2007	इंडिया टुडे और ओ.आर.जी. मार्ग की ओर से कराए गए राष्ट्रव्यापी सर्वेक्षण में नरेन्द्र मोदी को उनके पांच साल के कार्यकाल के लिए सर्वश्रेष्ठ मुख्यमंत्री बताया गया।
01-06-2007	गुजरात में सबसे अधिक दिनों तक मुख्यमंत्री रहने का श्रेय हासिल किया। इससे पहले हितेन्द्र देसाई राज्य में 2062 दिन तक मुख्यमंत्री रहे। 1960 में बने गुजरात राज्य में अब तक 14 मुख्यमंत्रियों ने शासन किया था। अब नरेन्द्र मोदी राज्य में सबसे अधिक दिनों तक मुख्यमंत्री बने रहने का श्रेय हासिल कर चुके हैं।
10-06-2007	भारतीय जनता पार्टी द्वारा आयोजित सम्मेलन में मोदी को पार्टी का सबसे अधिक समय तक मुख्यमंत्री बने रहने का श्रेय हासिल हुआ। जिसमें देश भर में लोगों की शुभकामनाएं मिली।
25-12-2007	गुजरात के मुख्यमंत्री के रूप में तीसरी बार शपथ।
2009	लोकसभा चुनाव में प्रधानमंत्री पद के उम्मींदवार के रूप में चर्चा में आए मोदी
25-08-2009	एफडीआई पर्सनाल्टी अवार्ड से नवाजे गए मोदी।
दिसंबर 2010-	क्लाइमेट चेंज पर पुस्तक लिखकर चर्चा में आए मोदी

सदंर्भ

-नरेन्द्र मोदी की वेबसाइट
- गुजरात सरकार की वेबसाइट
- गूगल रिफरेंस
- बीबीसी
- इंडिया टूडे
- आउट लुक
- दैनिक भास्कर
- राजस्थान पत्रिका
- राज एक्सप्रेस
- राष्ट्रीय सहारा
- महामेधा
- ट्रिब्यून
- हिन्दुस्तान
- नवभारत टाइम्स
- टाइम्स ऑफ इंडिया
- हिन्दुस्तान टाइम्स
- द हिन्दू
- नवभारत
- पायनियर
- इंडियन एक्सप्रेस
- पंजाब केसरी
- दैनिक जागरण
- अमर उजाला
- लोकमत समाचार

- लोकमत टाइम्स
- एनडीटीवी
- लोकसत्ता
- सामना
-रांची एक्सप्रेस
- प्रभात खबर
- जनसत्ता

पुस्तक के लेखन में उन लेखकों और संवाददाताओं के प्रति आभार जिनके लेख, समाचार, विश्लेषण इस पुस्तक में शामिल किए गए है।

व्यक्तित्व विकास की श्रेष्ठ पुस्तकें

डायमंड बुक्स X-30, ओखला इंडस्ट्रियल एरिया, फेज-II नई दिल्ली-110020 फोन : 011-40712200
ई-मेल : sales@dpb.in Shop online at www.diamondbook.in

व्यक्तित्व विकास

डायमंड बुक्स X-30, ओखला इंडस्ट्रियल एरिया, फेज-II नई दिल्ली-110020 फोन : 011-40712200
ई-मेल : sales@dpb.in Shop online at www.diamondbook.in

डायमंड में प्रकाशित श्रेष्ठ साहित्य

डायमंड बुक्स X-30, ओखला इंडस्ट्रियल एरिया, फेज-II नई दिल्ली-110020 फोन : 011- 40712200
ई-मेल : sales@dpb.in Shop online at www.diamondbook.in